Combat des Trente.

Lb⁵ 6

SAINT-BRIEUC, IMPRIMERIE-LITHOGRAPHIE DE L. PRUD'HOMME.

Le Combat des Trente,
d'après la miniature originale de Pierre le Baud.

Le Combat de Trente Bretons

CONTRE

Trente Anglais,

D'APRÈS LES DOCUMENTS ORIGINAUX DES XIVᵉ ET XVᵉ SIÈCLES;

SUIVI DE LA BIOGRAPHIE ET DES ARMES DES COMBATTANTS,

Par

M. POL DE COURCY,

CORRESPONDANT DU MINISTÈRE DE L'INSTRUCTION PUBLIQUE POUR LES TRAVAUX HISTORIQUES.

Ruri in aciem et majores vestros
et posteros cogitate.
TACITE

A SAINT-POL-DE-LÉON

CHEZ L'AUTEUR, RUE DES MINIMES
ET CHEZ LES PRINCIPAUX LIBRAIRES DE BRETAGNE

M.D.CCCLVII.

Le
Combat des Trente.

Ituri in aciem , et majores vestros
et posteros cogitate.

Tacite.

§. Ier.

IL est au centre de la Bretagne un petit pays
nommé le pays de Porhoët, apanage , au dixième
siècle, des puînés des comtes de Rennes. Si les seigneurs de Porhoët ne se qualifièrent pas rois comme
ceux d'Yvetot , et s'ils se contentèrent du titre de
comte , ils n'en exerçaient pas moins des droits souverains dans leur comté. Ils donnèrent même de
vrais rois à des contrées plus célèbres ; en effet,

1

Porhoët passa, au treizième siècle, de la maison de Fougères dans celle de Lusignan, dont plusieurs membres occupèrent, comme l'on sait, les trônes d'Arménie, de Chypre et de Jérusalem. Au quatorzième siècle, Philippe-le-Bel confisqua le comté de Porhoët sur Guy de Lusignan, comte de la Marche et d'Angoulême, et, en 1370, Pierre de Valois, comte d'Alençon, le vendit au connétable de Clisson, dont la fille l'apporta en mariage aux Rohan, qui en jouissent encore en partie.

Il faut reconnaître au moins que si le coin de terre qui nous occupe ne fut pas très-célèbre par lui-même, il le fut par ses possesseurs, qui tiennent plus de place dans l'histoire que le pays de Porhoët sur la carte de France.

Je venais de visiter Josselin, capitale de Porhoët et l'un des châteaux du fameux connétable, et je me rendais à Ploërmel pour y dessiner les tombeaux de deux de nos ducs, lorsque la silhouette d'un de ces nombreux *menhirs* qui couvrent les landes du Morbihan m'apparut sur le bord de la route. Je crus d'abord reconnaître dans cette pierre un de ces blocs granitiques élevés par les Celtes pour célébrer une gloire ou un nom à nous inconnus ; et, en effet, c'était bien à la fois et un mémorial d'honneur et un monument funèbre que j'avais devant moi ; seulement, les héros dont il recouvre la dépouille ne sont point oubliés ; les siècles ont bien passé sur

eux, mais, plus heureux que les héros d'Ossian,
il ne s'écrieront point en vain :

> O pierres, de concert avec les chants des bardes,
> Préserverez-vous mon nom de l'oubli ? (1).

Je ne tardai pas, en approchant, à lire sur l'une
des faces de l'obélisque l'inscription suivante :

> « Vive le roi longtemps,
> » Les Bourbons toujours !
>
> » Ici, le 27 mars 1351, trente Bretons combattirent pour la défense
> » du pauvre, du laboureur, de l'artisan, et vainquirent des étrangers
> » que de funestes divisions avaient amenés sur le sol de la patrie.»

Je saluai le monument destiné à transmettre aux
âges futurs les noms et la mémoire de ces trente
preux, et parcourant avec émotion la terre jadis
rougie de leur sang (2), je me promis de raconter
quelque jour le combat des Trente, l'un des plus
brillants exploits chevaleresques de notre histoire,
dont la renommée remplit bientôt l'Europe, dont le
grandiose rappelle les combats de l'Iliade, dont les
couleurs poétiques frappent encore l'imagination et
où la victoire fut disputée avec un tel acharnement
que Froissart, pour décrire un combat opiniâtre,
ne manque pas d'ajouter : *On s'y battit comme au
combat des Trente.*

(1) *Ossian , poème de Témora.*

(2) De sueur et de sang , la terre rosoya *(rougit).*
(*Poème du Combat des Trente.*)

§. II.

Seigneurs, or faites paix, chevaliers et barons,
Bannerets, bacheliers et trestous nobles homs,
Evesques et abbés, gens de religion,
Héraulx et ménestrels et tous bons compagnons,
Gentilshoms et bourgeois de toutes nacions,
Escoutez cet roman que dire nous voulons.
L'histoire en est vraie, et les ditz en sont bons
Comment trente Engloiz hardix comme lions
Combattirent un jour contre trente Bretons.....
Sy prie à celuy Dieu qui sa chair laissa vendre
Qu'il ayt mercy des ames, car le plus sont en cendre.
(Poème de la Bataille des Trente.)

La guerre civile qui s'était élevée en Bretagne,
en 1341, à la mort du duc Jean III, entre les deux
compétiteurs au duché, Charles de Blois, appuyé
par les Français, et Jean de Montfort, soutenu par
les Anglais, n'avait rien perdu de sa force dix ans
après, c'est-à-dire en 1351. La mort de l'un des pré-
tendants avait depuis longtemps obligé la comtesse
de Montfort, sa veuve, à se charger seule des soins
de la guerre ; la captivité de Charles de Blois,
qu'Edouard III retenait en Angleterre, mit dans la

même nécessité Jeanne la Boiteuse , comtesse de Penthièvre , sa femme. Ces deux princesses soutinrent leurs prétentions respectives avec le même courage. Cependant, les rois de France et d'Angleterre étant convenus d'une trève en 1348 , il ne se livrait pas depuis lors de batailles rangées , mais chaque jour était témoin de quelque engagement particulier. Seulement, il avait été stipulé entre les deux partis que les gens qui ne portaient point les armes, c'est-à-dire les marchands et les cultivateurs inoffensifs , seraient respectés de tous. Au mépris de cette convention , Richard Bembro , capitaine anglais, qui tenait la place de Ploërmel pour la veuve et le fils de Jean de Montfort, se mit à ravager le pays, qu'il remplit de deuil et de misère. Non content de piller les métairies, il en enlevait les habitants, que ses soudards chassaient enchaînés devant eux dans les prisons de Ploërmel , d'où ils ne sortaient qu'après avoir été rançonnés sans pitié.

Indigné de ces excès, Jean de Beaumanoir, capitaine du château de Josselin pour la comtesse de Penthièvre, se rendit à Ploërmel, et s'adressant à Bembro en présence de ses hommes d'armes : « Chevalier d'Angleterre, dit-il, tu te rends bien coupable de tourmenter les pauvres habitants, ceux qui sèment le blé et qui nous procurent en abondance le pain , le vin et les bestiaux. S'il n'y avait pas de laboureurs, ce serait aux nobles à défricher et à cultiver la terre en leur place, à battre le blé et à endurer la pauvreté, et ce serait grand dommage pour ceux qui n'y sont point accoutumés. Le brave n'attaque pas l'homme sans défense. Laisse en repos le laboureur, car il a trop souffert, et remets au sort des combats une vengeance plus digne de ton courage. Que tes plus vaillants chevaliers acceptent comme toi le défi que je vous porte au nom de mes compagnons. Je serai à leur tête ; mais pour épargner le sang de nos guerriers, vidons notre querelle dans un combat de trente contre trente, c'est assez pour couvrir d'une gloire impérissable la bannière qui triomphera. » (1).

(1) *Voici comment le poème contemporain rapporte la provocation de Beaumanoir :*

Messire Jehan le sage, le preux et le séné *(sensé)*,
Vers les Engloiz alla pour parler à seureté
Sy vit poiner chétifz, dont il oust grant pitié.
Ly un estoit en ceps *(fers aux pieds)* et ly aultre ferré,
Ly aultre en grésillons et ly aultre enchaisné
Deux à deux, trois à trois, chascun sy fut lié
Comme bœufs et mules que l'on mêne au marchié.
Quand Beaumanoir les veist, du cœur a soupiré
Sy a dist à Bembro par moult très grant fierté :
« Chevalier d'Engleterre, vous faictes grand péchié
» De travailler les pauvres, ceulx qui sèment le blé
» Et la chair et le vin de quoy avons planté *(en abondance)*.
» Se laboureurs n'estoient, je vous dis mon pensée,
» Les nobles conviendroict travailler en l'airée *(aux champs)*,
» Au flaiel *(fléau)*, à la houe et souffrir pauvreté,
» Et ce seroit grant poine, quant n'est accoustumé.
» Paix aient d'ores en avant, car trop ont enduré.
» Le testament Dagorne est bientost oublié. »
Et Bembro sy respond par moult très grant fierté :
« Beaumanoir taisez-vous ; de ce n'est plus parlé
» Montfort sy sera Duc de la noble Duchié

Bembro ne recula pas devant le cartel, et les deux chefs se séparèrent en convenant de choisir dans chaque garnison trente hommes, qui mesureraient leurs armes au chêne de *Mi-Voie*, situé dans une vaste prairie, entre les villes de Josselin et de Ploërmel (1). En apprenant l'*emprise* projetée, tous les chevaliers ou écuyers de Josselin briguèrent l'honneur de faire partie des trente champions de Beaumanoir, qui n'eut ainsi que l'embarras du choix. Les historiens, en nous transmettant les noms de ces preux, varient à l'égard de trois ou quatre seulement ; mais nous croyons avoir trouvé, dans le vieux poème déjà cité, les véritables noms de tous, et nous constaterons que le combat des *Trente* eût été mieux appelé des *Trente et un*, puisque les deux chefs, indépendamment de leur personne, qu'ils n'épargnèrent pas, avaient à leur suite trente tenans chacun.

» De Pontorson à Nantes jusques à Sainct Mahé (1)
» Edouart sera Roy de France couronné,
» Engloiz auront mestrie *(pouvoir)* partout auront posté *(puissance)*
» Maulgré tous les François et ceulx de leur costé.»
Et Beaumanoir respont : « Sachiez certainement
» Que ceulx qui le plus dient, en la fin leur mesprent
» Songiez un aultre songe, cestuy est mal songié
» Car jamais par telle voie n'en auriez demy pied. »

(1) Dedans un moult beau pré séant sur un cével *(tertre)*
Le long d'ung genestay qui estoit vert et bel.
(Poème du Combat des Trente.)

(1) Saint-Mathieu, à l'extrémité ouest du Finistère.

Bembro éprouva, pour former son contingent, un embarras tout différent. Il ne put rencontrer dans la garnison de Ploërmel assez d'Anglais pour compléter le chiffre trente, et il fut obligé, pour y atteindre, de prendre des routiers Flamands ou Brabançons, et même des Bretons du parti de Jeanne de Flandres, comtesse de Monfort.

Au jour fixé pour la rencontre (27 mars 1351), les soixante-deux champions, portant pour armes offensives : épées, dagues, haches, maillets, lances et fauchards à leur choix ; et pour armes défensives : un bassinet sur la tête et une cotte de mailles recouverte de lames de fer sur la poitrine, franchirent à cheval la distance qui les séparait du rendez-vous. Les Anglais, arrivés les premiers, avaient mis pied à terre, et Bembro, en attendant les Bretons, dit à ses gens, pour les encourager, qu'une prophétie de Merlin, qu'*il s'était fait lire,* leur promettait pour ce jour-là victoire. Pendant ce temps, Beaumanoir, après avoir assisté à une messe et communié avec tous ses compagnons (1), apparaissait du côté de Josselin, et sa vue ébranla tout-à-coup la confiance de Brembro, qui lui proposa de rompre la

---

(1) Mais ly preux et ly sage feist ses dévocions
Et faisoit dire messes par grands oblacions :
Ses compagnons appelle, et chascun absolu,
Prinrent leur sacrement en nom du roi Jésu.
(Poème de la Bataille des Trente.)

partie, sous prétexte qu'ils s'y étaient engagés sans le consentement de leurs souverains et qu'ils feraient périr beaucoup de braves sans utilité. Beaumanoir répondit que « c'estoit trop tard pensé, et
» que puisqu'il avoit pris la poine de venir, il ne
» s'en retourneroit sans mener les mains et sçavoir
» *qui avoit plus belle amie.* » (1).

Aussitôt, les juges du camp firent sortir de la lice tous les gentilshommes des environs, venus, sous sauf-conduit, pour être témoins du combat; les adversaires se rangèrent à chaque bout, sur une seule ligne de front, et au signal des héraults « tantôt se
» coururent sus et se combattirent forment tout
» en un tas et rescouroient bellement l'un l'autre
» quand ils véoient leurs compagnons à meschef...
» et se donnoient merveilleusement grands horions,
» et les aucuns se prenoient aux bras à la lutte et se
» frappoient sans eux épargner. Vous pouvez bien
» croire (ajoute Froissart) qu'ils firent entre eux
» mainte belle appertise d'armes, gens pour gens,
» corps à corps et mains à mains. »

Le premier choc fut funeste aux Bretons; en effet, Even Charuel est fait prisonnier ; Geoffroy Mellon et Geoffroy Poulard sont frappés à mort ; Tristan de Pestivien reçoit un violent coup de maillet, ainsi que Caro de Bodégat, et Jean Rousselot est grièvement blessé.

(1) Bertrand d'Argentré, *Histoire de Bretagne.*

Beaumanoir, où est-tu ? s'écrie le vaillant Tristan, voilà les Anglais qui m'entraînent blessé et meurtri ! Je n'ai jamais connu la crainte quand je me suis trouvé avec toi, mais si le vrai Dieu ne me secourt par sa puissance, vous m'aurez perdu pour jamais. Beaumanoir jure par Jésus-Christ qu'auparavant mainte lance sera rompue, maint écu traversé, et plus d'un Anglais aura mordu la poussière ; en même temps, il lève son *bran d'acier,* et chacun de ceux qu'il atteint est mort ou renversé (1). La bataille continue avec un acharnement sans exemple, jusqu'à ce qu'enfin les combattants, épuisés de fatigue, conviennent d'une suspension d'armes pour se désaltérer et reprendre haleine. « Tels y eut qui bu-
» rent du vin qu'on leur apporta et restreignirent
» leurs armures qui déroustées estoient, et fourbi-
» rent leurs plaies. » (Froissart).

(1) « . . . . Beaumanoir où es-tu ?
» Les Engloiz s'y m'emmènent bléchié et dérompu.
» Je n'eus onques paour le jour que je t'ay veu ;
» Se le vray Dieu n'en pense par sa saincte vertu,
» Engloiz sy m'emmèneront et vous m'aurez perdu.
» Beaumanoir jure Dieu qui en croix fut pendu,
» Avant y aura-t-il maint rude coup féru,
» Et rompu mainte lance et percé maint escu ;
» A ces paroles tient le biau bran esmoulu,
» Cil qu'il attaint à coup est mort ou abattu. »
(Poème du Combat des Trente.)

§. III.

Pendant cette courte trève où les spectateurs se rapprochent, où les ennemis se confondent et tour-à-tour se félicitent, se raillent, s'encouragent, se menacent et se versent gaiement dans des hanaps *le vin d'Anjou*, qui les ranime, et leur donne des forces nouvelles pour se porter ensuite de plus rudes coups, Geoffroy de La Roche, l'un des écuyers de Beaumanoir, lui demande la chevalerie, et Beaumanoir lui donne sur-le-champ l'accolade, afin que le titre de chevalier, conféré dans une circonstance aussi solennelle, anime son ardeur et celle de ses frères d'armes réduits à vingt-cinq.

Le nouveau chevalier se relevant aussitôt appelle ses compagnons et provoque les Anglais. On se remet en ligne et le combat recommence plus terrible que jamais. Bembro recherche Beaumanoir pour se mesurer corps à corps avec lui, et le somme de se rendre, en le raillant de la sorte :

Rends toy tost Beaumanoir, je ne t'occirai mie,
Ains je feray de toy un présent à ma mie,
Car je luy ay promis, ne luy mentiray mie,
Qu'aujourd'huy te mettray en sa chambre jolie.

Mais, au même instant, Alain de Keranrais lui
porte droit au visage un coup de lance, et saisit sa
dague pour l'achever. Bembro se relève et s'avance
sur Keranrais, lorsque Geffroy du Bois, qui a reconnu Bembro, le frappe à son tour, et le renverse
mort à ses pieds.

La vue de leur chef privé de vie jette l'épouvante
parmi les Anglais ; mais un aventurier allemand,
Croquart, prend sur-le-champ le commandement et
harangue sa troupe en ces termes : « Ecoutez, com-
» pagnons, ne vous attendez pas aux prophéties de
» Merlin, car à grand-poine le peut-on croire pour
» cette fois ; le remède est de se serrer étroitement
» et tenir ferme, et que quiconque vous approchera
» tombe mort ou blessé ! » (D'Argentré).

La mort de Bembro rendait libre, d'après les
usages d'alors, les trois prisonniers qu'il avait faits.
Even Charuel, Tristan de Pestivien et Caro de Bodégat, quoique blessés, reprennent donc leur rang
parmi leurs compagnons. La mêlée devient de plus
en plus épaisse : deux autres Anglais, un Allemand
et un Breton nommé d'Ardaine, qui combattait de
leur côté, sont tués ; mais Beaumanoir est à son
tour blessé. La perte de son sang, le jeûne, car le
baron breton a jeûné, rend sa soif ardente. Geffroy
du Bois lui crie ces mots sublimes :

Bois ton sang, Beaumanoir, la soif te passera !

Beaumanoir oublie sa soif et se jette de nouveau

dans la mêlée. Du côté des Anglais, Hue de Caverley et Thomelin Henefort combattent avec rage ; tous se tiennent serrés et résistent comme un faisceau au choc des Bretons. Alors, Guillaume de Montauban, l'un d'eux, s'avisa d'un stratagème qui eut un plein succès. Se tirant à l'écart, il chausse vite ses éperons, monte à cheval, et feint de fuir. Beaumanoir l'invective sur sa lâcheté qu'on reprochera à lui et à sa race ; mais Montauban reprend :

Besoignez, Beaumanoir, car bien besoigneray.

Il prend en même temps du champ, fait volte-face et se précipite sur les Anglais avec une telle force, qu'il les rompt et en renverse sept par terre. Une fois entamés, leur défaite est bientôt achevée, et chaque chevalier ou écuyer breton fait son prisonnier. Robert Knolles et Hue de Caverley, qui firent depuis de belles armes ailleurs ; Thomelin Henefort, Croquart, Jean Plaisanton, Raoul et Helcoq, son frère ; Repefort et Richard de La Lande, sont conduits, les uns au château de Josselin, les autres relâchés sur parole.

Ainsi finit la bataille des Trente, qui eut lieu dans le comté de Porhoët, le samedi avant *Lœtare Jerusalem* (1). Le trouvère contemporain dont nous

---

(1) C'est-à-dire la veille du quatrième dimanche de Carême, où l'*Introït* de la messe commence par ces mots.

avons suivi le poème, ne manque pas de réclamer des prières pour tous les combattants, soit Anglais, soit Bretons, qui ont trouvé la mort dans cette journée ; puis il annonce en terminant qu'on en connaîtra tous les détails, soit par récit, soit par écrit, soit par représentation en tapisserie, dans tous les royaumes que borne la mer. Maint gentil chevalier s'en voudra récréer, et aussi mainte noble dame renommée par sa beauté, comme ils l'ont fait des gestes d'Arthur et de Charlemagne, de Guillaume *au court nez*, de Rolland et d'Olivier, et dans trois cents ans on racontera encore l'histoire de la bataille des Trente.

§. IV.

Les prévisions du poète se sont trouvées dépassées. Plus de cinq siècles nous séparent de ce fait mémorable, qui n'eut, il est vrai, aucun résultat politique et ne fut, en définitive, qu'un duel comme il s'en livrait fréquemment au Moyen-Age (1) ; ce-

(1) Une rencontre du même genre eut lieu à Rome, en 1377, entre dix Bretons des grandes compagnies que Sylvestre Budes, gonfalonier de l'Eglise romaine, avait conduites

pendant, le souvenir de ce duel patriotique n'a rien perdu de sa force, et l'on montre encore, non loin de l'arène, une pièce de terre appelée le *Champ aux Anglais*, où la tradition rapporte que furent enterrés les morts du parti de Bembro. Le chêne de *Mi-Voie*, tombé de vétusté au commencement du dix-septième siècle, fut remplacé par une croix nommée *Croix de la Bataille des Trente*, et celle-ci, tombée à son tour, fut relevée aux frais des Etats de Bretagne en 1776. Cette dernière croix eut encore moins de durée, et la Révolution, qui forçait les descendants des trente preux à aller demander un asile à leurs anciens ennemis, ne pouvait laisser debout un monument érigé à la gloire de ces nobles proscrits. Cet acte de vandalisme sauvage a été réparé en 1819 (1), et l'obélisque dont nous avons parlé en commençant fait revivre la mémoire d'un fait vraiment épique.

Froissart et un trouvère inconnu ont célébré les

au secours de Grégoire XI, et un pareil nombre d'Allemands. De ces derniers, cinq furent tués et les cinq autres grièvement blessés. Les noms des vainqueurs nous ont été conservés par un trouvère de Quimper, Guillaume de Pérenno, chevalier, dans un poème qu'il composa à Avignon, en 1390, sur les *Gestes des Bretons en Italie :* Yvon de Trémigon, Hamon de Treffily, Bourdat, Cavaleric, le sire de Lochrist, Le Carias, Jacques Le Noir, le sire de Talvern, Chiquet, Hervé de Kerouartz.

(1) Cet obélisque fut dressé grâce aux soins du général comte Coutard, du comte de Chazelles, préfet du département, au vote du conseil général, et aux dons volontaires du clergé, de l'armée et des populations. La première pierre de la pyramide commémorative fut bénie par Mgr de Beausset, évêque de Vannes, nommé à l'archevêché d'Aix le 11 Juillet 1819. Cette cérémonie a laissé en Bretagne un long souvenir.

premiers le triomphe des chevaliers bretons. Cette dernière œuvre, traduite en prose en 1470, par un chroniqueur nommé Jean de Saint-Paul (1), a été la source où Pierre Le Baud (2) d'abord, et d'Argentré ensuite, copiés par les historiens modernes, ont puisé pour donner la relation de cette journée. Cependant, il s'est trouvé, au siècle dernier, des écrivains de l'école de Voltaire, dont les raisonnements, aussi secs que leur âme, se sont efforcés de ternir la splendeur dont notre vieille France a brillé, et ils n'ont pas manqué de révoquer en doute l'authenticité de ce glorieux épisode, sous prétexte que les historiens anglais n'en font pas mention, et que les historiens bretons ne l'ont connu que par le manuscrit de 1470, composé plus de cent ans après l'événement.

Le silence des historiens anglais sur un fait particulier des guerres du quatorzième siècle, où leurs compatriotes furent humiliés, s'explique par l'orgueil national et la partialité bien connue des Anglais, et n'infirme donc en rien la vérité de ce fait.

Il faut d'ailleurs que les sceptiques du dix-hui-

(1) Ce manuscrit est conservé à la Bibliothèque de l'Arsenal, sous le n° 263, Histoire. Nous en publions un extrait inédit.

(2) Le premier travail de Pierre Le Baud est un manuscrit sur vélin, composé en 1480 et conservé à la Bibliothèque Impériale. Parmi les miniatures dont il est enrichi, on en remarque une, représentant le combat des Trente, reproduite en gravure dans l'*Histoire de Bretagne* de dom Morice. Nous la donnons plus exactement avec ses enluminures.

tième siècle n'aient consulté ni Froissart ni le vieux poème que l'on voyait alors, comme aujourd'hui, à la Bibliothèque Impériale. Les paléographes retrouvent dans ce poème tous les caractères du quatorzième siècle (1) et l'historien d'Argentré en avait eu connaissance (2).

Dans leur besoin de dénigrement des temps qu'ils appellent barbares, ils ont aussi voulu faire peser sur Montauban un reproche de déloyauté pour s'être servi d'un cheval, alors que les autres combattants étaient à pied. Nous croyons ce dernier reproche plus spécieux que solide; car puisque les Anglais ne crièrent point à la trahison, nous sommes en droit de conclure que, de même qu'il fut permis à chaque combattant de choisir ses armes, il fut aussi loisible de se battre à pied ou à cheval, et qu'ainsi Montauban ne fit qu'user d'un droit commun à tous.

Aux auteurs déjà cités qui mentionnent le combat des Trente comme un événement contemporain (3),

(1) Il est indiqué dans la *Bibliothèque Historique* du P. Le Long sous le n⁰ 35,413, et conservé à la Bibliothèque Impériale sous le n⁰ R. 7,595. 2. Une grande analogie de style l'a fait attribuer à Jean Cuvelier, auteur du roman de *Du Guesclin*, contenant 22,790 vers et imprimé en 1839, chez Firmin Didot. Le *Poème du Combat des Trente* a été publié en 1835, par Crapelet, avec un fac-simile de la première page.

(2) J'ai veu un très ancien livre traitant de ce combat, faict en mauvaise rithme, dès le même temps, comme il est à croire. (*Hist. de Bretagne*, éd. de 1588, liv. 5, chap. 29.)

(3) Et depuis je vis seoir à la table du roi Charles de France un chevalier breton qui esté y avoit, messire Even Chappel, mais il avoit le viaire si détaillé et découpé, qu'il montroit bien que la besoigne fut bien combattue. (*Chronique de sire Jean Froissart.*)

3

nous pouvons ajouter le témoignage de Christine de
Pisan, qui écrivit l'histoire de Charles V en 1403 (1),
et celui de Jean d'Orronville, qui composa la vie de
Louis II, duc de Bourbon, en 1429 (2). Le texte de
ces deux historiens, qui n'a point été cité avant nous
à l'occasion du combat des Trente, doit convaincre
les critiques les plus méticuleux et justifier ce que
dit Froissart de « *ce moult haut fait d'armes que
on ne doibt mie oublier, ains le doibt-on mettre
en avant pour tous bacheliers encourager et
exemplier.* »

(1) Item en cel an dessus dit (1372) arriva en France Yvain de Galles.. et avec luy un
sien parent et compaignon moult vaillant écuyer, qui jadis avoit esté de la bataille des Trente,
du côté des Anglois, appelé Jehan de Vuin, dit le poursuivant d'amours, avecques autres
Gallois, etc. (*Le Livre des Faits et bonnes Mœurs du sage roi Charles V*, composé en
1403, par Christine de Pisan. Ed. de l'abbé Le Bœuf, publiée en 1743, liv. 2, ch. 26.)

(2) Et chevauchèrent les seigneurs (le duc de Bourbon et le connétable) devant Dinan,
qui est l'entrée de Bretagne Bretonnant, où dedans estoit Maurice de Trésiguidy, le plus
vaillant chevalier de Bretaigne, car il fut l'un des chefs de la bataille des Trente. (*L'Histoire de la vie, faits héroïques du très valeureux prince Louis II, duc de Bourbon,*
composée en 1429, par Jean d'Orronville, surnommé Cabaret. Edit. de Jean Papire Masson,
publiée en 1612, chap. 15.)

EXTRAIT

DE LA CHRONIQUE DE JEAN DE S.-PAUL (1).

La Bataille des Trente advenue incontinent après la Bataille de la Roche-Dérien.

EN celuy temps qui feut l'an M. III^c L. (1350) le Samedy avant le Dimanche que on dist en saincte église *Lætare*, feut la bataille des Trente, qui entreprinse feut par le sire de Beaumanoir et Mre Richart Bembro, englois, tenant la ville de Ploërmel.

(1) Chronique de Jan Sr de S. Paul, Escuïer, faicte et rédigée en l'an 1473. Mss. unique inédit, provenant de la Bibliothèque de la Princesse de Rohan, et aujourd'hui conservé dans celle de l'Arsenal, n° 263, Hist. Fr.

En icelle ville estoict allé à seureté (1) le dict
Beaumanoir qui la ville de Jocelin tenoit, pour deb-
voir délivrer plusieurs poures gens laboureulz qui
estoient prisonniers ; et remonstroict Beaumanoir à
Bembro que le peuple labouroit la terre dont les
nobles vivoient, et vouloit appoincter que la guerre
feust entre les gens de guerre seullement, ce que
refuza Bembro, et s'en courrouça très fort le dict
Beaumanoir. Sur ce débat et différant, plusieurs
grosses parolles chaleureuses s'entredisent, en voulant soutenir chacun la vaillance et ancienne renommée de sa nation. Sur quoy, dist et offrit iceluy Beaumanoir à Mre Richart Bembro, s'il vouloit et affin que
par ce, on peust cognoistre le droict et la vaillance
d'ung chacun, que cent à cent ou à tel nombre que
voudroict, luy donneroit la bataille ; le quel Bembro
accorda à Beaumanoir la bataille de chacun par xxx,
pourveu qu'il n'y eust ne fraude ne baratz (2).

Cette entreprinse faicte, s'en retourna Beaumanoir à Jocelin et remonstra l'entreprinse dessus dicte
à plusieurs grands, Seigneurs, Barons et Escuïers
qui en la place estoient, et le grand houneur et renommée que par ce, pouvoient acquérir à leurs personnes et à leurs subcesseurs et dont il sera parlé
par tous les Réaumes et histoires après nos mortz.
« Ains, dist en oultre Beaumanoir, pour ce que

(1) Avec un sauf-conduit.

(2) Tromperies, *Vid. gloss. de D. Morice.*

ceste bataille peult venir à si grand effect, est nécessité par meure délibération, trier et eslire gens les plus convenables pour ce hault œpvre (1) parfaire. »

Quand les Seigneurs eurent ouï Beaumanoir, ils furent tous très joïeulx de son entreprinse, en désirant ung chacun avoir l'honneur d'estre ung de ceulx chaiés en la choaisye (2).

Lors Beaumanoir de leur gré et consèntement fist la choaisye, et print premier : Tinténiac, Guy de Rochefort et Charuel ; Guillaume de La Marche, Robin Raguénel et Huon de S. Yvon ; Caro de Bodégat et Olivier Arel ; Monsieur Geffroy du Boys et Monsieur Jehan Rousselot.

Après choaisit des escuïers, et premier : Guillaume de Montauban, Alain de Tinténiac, Tristan Pestivien, Alain Keranrais et Olivier son oncle ; Louys Gouëon et Le Fontenoyz ; Hugo Catus et Geffroy de La Roche qui feust fait chevalier, en lui disant se bien remembrer Eudes, son bon père, qui en Constentinople feut à la guerre, pour honneur acquérir ; et Geffroy Poulart et Maurice Trésiguidy ; Geslin de Lanloup et Guyon de Pontblanc ; Geffroy de Beaucors et Maurice du Parc ; Geffroy de Mellon et Jehannot de Sérent ; Guillaume de La Lande, Olivier Monteville et Symon Richart.

____

(1) Ouvrage.

(2) Désignés au choix.

Messire Richart Bembro de sa part feict sa choaisye et premier print : Knolles, Caverley et Croquart ; Monsieur Jehan Plésanton , Ridart et Hugo son frère ; Jeannequin Taillart, Repefort et Richart de La Lande ; Thomelin Henefort quel combattoit d'ung mail qui pesoit vingt et cinq livres ; et Hucheton Clamaban quel combattoit d'ung fauchart crochu , qui tailloit d'une et d'aultre part ; et Jeannequin de Guenehoup , Hennequin Hérouart , et Jeannequin Le Mareschal quel finit à ce jour sa vie ; Thomelin Hualton et Robinet Mauliépart ; Ysanay , Valentin et Jehan Troussel ; Robin Adès , Andelé et le nepvou Dagorne. Et quatre bretons dont les noms ensuivent : Perrin de Coménan, Guillemin Le Gaillart, Raoulet d'Apremont et d'Ardaine , les quels feurent armez de plates (1) bacinetz (2) haubergeons (3) et eurent haches et espées , et plusieurs, lances et fauchons (4).

Beaumanoir ses compagnons avecq luy assembla, en leur remonstrant que nulle querelle ne peust estre conduite si non de Dieu ; et luy et eulx ensemble, feirent dire plusieurs messes , se confessèrent, requirent Dieu à leur ayde et le reçeurent moult dévotement ; les priant le dict Beaumanoir

(1) Cuirasse formée de lames de fer.
(2) Casque léger sans cimier ni crète.
(3) Petite cotte de mailles.
(4) Petite faulx à long manche.

qu'ilz eussent vraie fiance en Dieu, et qu'à ce jour, ils se voulsissent combattre et se monstrer à l'honneur d'eulx et de leur lignage et à la perpétuelle grande renommée de leur nation.

Puis Bembro de sa part assembla ses trente compaignons et les mena en ung pré, où la bataille avoict été entreprinse et ordonnée à estre livrée, qui est my-vaye entre Ploërmel et Jocelin, jouxte et près d'ung chesne nommé *le chesne de my-vaye,* entre les deux dictes places ; et leur dist à tous, avoir faict lire les livres et proféties de Merlin, qui lui déclaroienct qu'ilz auroient victoire sur les Bretons.

Beaumanoir vint après au pré où eulx estoient viz à viz en bataille, et Bembro dist à Beaumanoir : « Beaux amis remuons (1) ceste bataille et soict minse en adviz, et vous en allez devers le Roy de France ; et sy la bataille lui plaist, nous prendrons le jour qui sera mins. »

Lors Beaumanoir remonstra l'ouverture de Bembro à ses compaignons, et leur demanda leurs opinions. Et premier respondit Charuel : « Nous sommes icy assemblez trente pour ceste bataille et est affaire à mener à fin. Qu'il ait male adventure, qui consentira s'en aller sans les combattre. »

Beaumanoir respondit à Bembro que Charuel et

____

(1) Ajournons.

les aultres compaignons vouloient que feust donnée
la bataille. Lors Bembro dist à Beaumanoir : « C'est
grant folie, car quand seront trespassez la fleur de
la Duché, onques n'en trouvera-t-on mye de sem-
blable. »

« Sire, dist Beaumanoir, combien que Laval, ne
Montfort, ne Lohéac, ne Rohan, ne Quintin, ne de
Bretaigne la grande baronnye ne soict cy présente,
si ai-je noble chevallerie, et de grande vaillance,
léauté et ensessoance (1). » Adonc, dist Bembro à
Beaumanoir : « Puis qu'il faut bataille vous livrer,
en icelle ne t'occizeraye mye, mais je te lairay la
vye, et ainsin que je l'ay promiz, feray de toy ung
présent à ma mye.» Et Beaumanoir respond moult
bien à Bembro : « Je te forsclorrai. » (2).

Lors se joignirent les batailles ensemble, et à la
première emprinse, feut Charuel prins, Geffroy
Mellon feut mort ; Tristan feut blessé d'ung martel,
et Monsieur Jan Rousselot ; et eurent les bretons
du pire, et Caro de Bodégat d'ung coup de mail ab-
battu. Lors Beaumanoir, qui ses gens voit partye
mortz et prins, mist grand diligence en cuidant les
recouvrer, et en celuy endroict feut dure la bataille,

---

(1) Race.

(2) Je t'en empêcherai. Ce mot, composé des deux mots latins *foràs claudere*, est employé dès le xiie siècle :

Nul ne leur peut aller aider

Trois mille heaumes les forscloent.

(*Le Roman des Ducs de Normandie*, par Benoit, trouvère
anglo-normand ; vers 5,412.)

et de toutes parts se trouvèrent moult travaillez (1)
tellement qu'ils appoinctèrent de chacune part, se
restroire (2) sans trahison, pour eulx refraischir et
boire. Cependant Beaumanoir, voiant que deux de
ses compaignons estoient mortz et trois prins, con-
fortoit les demourantz en si belles et honorables
parolles, que Geffroy de La Roche lui requist che-
valerye, qui la luy donna et lui dist : « Geffroy,
remembre toi de la vaillance de ton encien prédé-
cesseur et ce qu'il feist en Constentinople.»

Lors rassemblèrent les batailles et Bembro sur
Beaumanoir s'escrie : « Rends-toy, je te lairay la
vye. » Alain de Keranrais ouict icelle parolle, vint
à Bembro et le férit de la poincte de sa lance au visage et le rua par terre, et Messire Geffroy du Bois
luy couppa la teste et l'occisit. Lors que les Englois
veirent que Bembro le chef estoict mort, Croquart
ung des allemans leur dist que les profécies Merlin
que tant il avoict aimées, ne luy avoict guerres va-
leu; qu'il n'estoit que de se tenir serrez et de se def-
fendre à leur pouvoir.

Les Bretons qui prisonniers estoient et blessez,
sçavoir est : Charuel, le vaillant Tristan et Caro de
Bodégat, prindrent leurs armes, que peurent recouvrer, et se mistrent en la bataille qui feut moulte
dure. Car Croquart l'alleman, et Thomas Henefort

(1) Fatigués.
(2) Se retirer.

quel feut grant et fort comme un géant, qui comba-
toit d'un mail pesant, Hue de Caverley et Monsieur
Robin Knolles se entretenoient le jour entier durant.
Là moururent ung englois et ung alleman, et d'Ardaine le dérain. Dedans le champ, Beaumanoir feut
blessé et à boire demanda. Monsieur Geffroy du
Boys luy dist : « Boys ton sang, ta soiff te passera. »
Beaumanoir, quand il advisa de ce dire, sa soiff lui
passa et se reférit en la bataille ; mais les Englois se
tenoient sy clos et serrez, que nulz n'y pouvoient
en eulx faire entrée. Lors Guillaume de Montauban
monta sur son cheval et print sa lance, et feist semblant de s'enfouir : et Beaumanoir sur luy s'escria
en luy disant : « Faulx et mauvais guairiez ! comment vous en allez ? il sera à vous et à vos hairs à
tousjours reprochié. » Lors Guillaume luy jetta un
riz et luy cria : « Beaumanoir, besoigne bien de ta
part, car je pense bien besoigner de la mienne. »
Lors brocha son cheval de ses esperons et donna à
travers la bataille des Englois, et en rua sept par
terre, et au retour en rua trois. Adonc s'escria Montauban : « Beaumanoir franc chevallier, Guillaume
de La Marche, Charuel et toutz mes compaignons,
vengiez vous des Englois à vos volontez. » Tinténiac
le preux estoict le premier, et le doibt-on remem-
brér sur toutz les autres. A ce coup feurent les Englois desconfitz, et qui voulsit en print, choaisit et
amena au chastel Jocelin.

Cy finist la Bataille des Trente.

BIOGRAPHIE

DE BEAUMANOIR ET DE SES TRENTE COMPAGNONS.

𝕮𝖍𝖊𝖛𝖆𝖑𝖎𝖊𝖗𝖘.

1° BEAUMANOIR : d'azur à onze billettes d'argent 4. 3. 4.
(Sceau de 1298).

JEAN DE BEAUMANOIR, chevalier, seig^r du dit lieu, Par. d'Evran, de Merdrignac, de La Hardouinaye, Par. de S.-Launeuc et de Montcontour, cap^e de Josselin et maréchal de Bretagne pour Charles de Blois, était fils d'autre Jean de Beaumanoir et de Marie de Dinan-Montafilant.

Chef des combattants à la bataille des Trente, où il fut blessé et où il remporta la victoire, en 1351 ; il se trouva à la bataille de Mauron en 1352, fut l'un des ambassadeurs envoyés la même année en Angleterre pour traiter de la rançon de Charles de Blois, et était gouverneur de Bretagne, lorsque le duc de Lancastre lui remit par convention les clefs de la ville de Rennes, l'an 1357.

L'un des otages du traité d'Evran en 1363, et prisonnier à la bataille d'Auray, où Charles de Blois fut tué, en 1364, il représenta Jeanne de Penthièvre, veuve de ce prince, au traité de Guérande en 1365.

Il eut de Thiphaine de Chemillé , sa première femme, originaire d'Anjou, deux fils, morts sans postérité, en qui finit la branche aînée de sa maison, dont les possessions furent portées dans la maison de Dinan par le mariage de Jeanne de Beaumanoir, sœur consanguine des précédents, et fille de Marguerite de Rohan, avec Charles de Dinan, seig^r de Montafilant et de Chateaubriant. De la maison de Dinan, la seig^ie de Beaumanoir a passé par alliance à celle de Laval, à laquelle elle appartenait encore en 1513, et elle a été possédée successivement depuis, par les familles Peschart , Le Meneust et de Langle-Kermorvan.

La branche de Beaumanoir-Lavardin au Maine , qui a produit un maréchal de France, mort en 1614, s'est éteinte en la personne d'Emmanuel-Henry , Mis de Lavardin, tué en 1703, à la bataille de Spire. Trois de ses sœurs étaient mariées dans les maisons de La Chastre, d'Albert de Luynes et de Béringhen. Cette branche sortait de celle des seig^rs du Besso , Par. de S.-André-des-Eaux , Ev. de Dol, éteinte en 1636, en la personne d'Hélène de Beaumanoir, vicomtesse du Besso, morte sans enfants de ses deux mariages 1° avec le baron de La Hunaudaye, 2° avec le maréchal de Brissac, et ces deux branches avaient pour auteur commun Robert de Beaumanoir, seig^r du Besso, frère juveigneur du héros des 30. (*P. Anselme. T. VII. P.* 380, 381, 387.)

2° TINTÉNIAC : d'argent à 2 jumelles d'azur.

JEAN DE TINTÉNIAC, chev^r, seig^r du dit lieu, de Bécherel et de Romillé en Normandie, fils d'Olivier et d'Etaisse de Chateaubriant, suivit le partit de Charles de Blois et «fut estimé le meilleur combattant à la bataille des 30 , et qui mieux mérita le nom de preux et de vaillant en cette mêlée. » (*Du Paz, P.* 578.) Mais , l'année suivante (1352), il fut tué à la bataille de Mauron, que gagnèrent Tanguy du Chastel,

Garnier de Cadoudal et Yves de Tréziguidy, vaillants capitaines partisants de la comtesse de Montfort. Il avait épousé Jeanne de Dol, dame de Combourg, dont il n'eut qu'une fille, Isabeau, dame de Tinténiac, mariée à Jean de Laval, seig^r de Chatillon en Vendelais, père et mère de Jeanne de Laval, épouse 1° du connétable du Guesclin, mort sans postérité, 2° de Guy, sire de Laval et de Vitré, son cousin.

Anne, fille et unique héritière des précédents, fut mariée, en 1404, à Jean de Montfort, seig^r du dit lieu et de Kergorlay, P. de Motreff, qui prit les nom et armes de Laval ; et les terres de Tinténiac et de Bécherel furent portées, en 1547, dans la maison de Coligny, par le mariage de Charlotte de Laval avec Gaspard de Coligny, amiral de France, tué à la S.-Barthélemy, en 1572. (*Aug. du Paz. P.* 578, 581.)

Ces terres furent acquises, au xviie siècle, par la famille de Lopriac, qui les transmit, par alliance, en 1743, aux Kerc'hoënt, marquis de Montoir.

Jean de Tinténiac avait deux frères juveigneurs : 1° Alain, aussi combattant à la bataille des 30, dont l'article suivra ; 2° Olivier, auteur des seig^{rs} de Quimerc'h, qui existent encore aujourd'hui. Nous parlerons de ceux-ci à l'article d'Alain.

3° ROCHEFORT : vairé d'or et d'azur (Sc. 1276).

GUY DE ROCHEFORT, chev^r, seig^r du Henleix, P. d'Escoublac, ne doit pas être confondu avec autre Guy de Rochefort, seig^r d'Assérac, son neveu à la mode de Bretagne. Celui qui fait l'objet de cet article, était fils de Bonabes et de Marie d'Ancenis ; le dit Bonabes fils puîné de Thibaut, sire de Rochefort et vicomte de Donges et d'Anne de Neufville. On retrouve le s^r du Henleix en équipage d'homme d'armes, ainsi que deux de ses 30 compagnons, Caro de Bodégat et Hugues Catus, dans une montre reçue à Dinan par Thibaut de Rochefort, son cousin germain, quelques mois plus tard, c'est-à-dire au mois de Juillet 1351. L'an 1354, il reprend le château de Nantes sur les Anglais (*Pierre Le Baud, p.* 312 ; *D'Argentré, p.* 303) ; reçoit une montre à Vitré en 1356, et échappe ensuite à l'histoire.

On sait seulement qu'il laissa un fils : Guillaume, époux de Jeanne de Bruc, dont la fille unique, Guyonne, employée dans la Réformation de 1453, Par. d'Escoublac, épousa Jean de Rohan, seig^r du Gué-de-L'Isle. (*Le Laboureur, généal. des Budes, p.* 47.) Enfin, Cyprienne de Rohan, petite fille des précédents, morte en 1554, porta par mariage la terre du Henleix dans la maison de La Feillée, dont la branche aînée s'est éteinte dans les Rieux.

Quant à la branche aînée des Rochefort, elle s'est fondue beaucoup plus tôt dans la même maison de Rieux, par le mariage, en 1374, de Jeanne, dame de Rochefort avec Jean sire de Rieux, maréchal de France ; et leur dernier descendant a péri à Quibéron.

4° CHARUEL : de gueules à la fasce d'argent (Sc. 1338).

EVEN CHARUEL, chev^r, seig^r du Guérand et de Kergoallon, P. de Plouëgat, du Ménez, P. du Guerlesquin, de Kerahel, P. de Botsorhel, de Lesenor, P. de Ploulec'h, Ev. de Tréguier, paraît avoir été fils de Henry, l'un des chevaliers de la baillie de Tréguier, qui devait le service à l'ost du Duc en 1294. On retrouve le même Henry, témoin en 1320, du contrat de mariage d'Alain de Rohan avec Jeanne de Rostrenen. Even scella, en 1338, l'acte de partage donné par Hervé de Léon à Amice sa sœur (*D. Morice, T. I., pr. col.* 1394); contribua, en 1342, à la défense de Rennes ; fut blessé et fait prisonnier à la bataille des 30 (1), et envoyé, l'année suivante, en Angleterre, pour traiter de la rançon de Charles de Blois. Choisi, en 1357, pour négocier la prolongation de la trève conclue à Bordeaux, il se distingua en Normandie à la bataille de Cocherel, gagnée, en 1364, par du Guesclin, sur les armées d'Angleterre et de Navarre, commandées

---

(1) Et depuis (*dit Froissart*) je vis seoir à la table du Roi Charles de France, un chevalier breton qui esté y avoit, messire Even Charuel ; mais il avoit le viaire si détaillé et découpé, qu'il montroit bien que la besoigne fut bien combattue.

par Archambault de Grailly, captal de Buch en Gascogne, et releva au plus fort de la mêlée, la bannière de du Guesclin, plusieurs fois abattue. (*D'Argentré, Liv. 5. Chap. 44.*) Il est encore cité, en 1369, en qualité de commissaire, pour recevoir à Vitré des montres de gens d'armes, et son nom disparaît ensuite de l'histoire. On retrouve seulement un Guillaume Charuel, écuyer, en 1415, et un Alain Charuel, en 1420, parmi les hommes d'armes du sire de Rieux. L'un de ceux-ci pourrait être père ou frère de Marguerite Charuel, femme de Jean sire de Penhoët, vicomte de Fronsac et amiral de Bretagne en 1404.

Béatrix de Penhoët, fille des précédents, porta par mariage les seigneuries des Charuel dans la maison de Boiséon, qui les a transmises aussi par mariage aux du Parc-Locmaria, d'où elles ont passé aux Quemper de Lanascol.

5° **LA MARCHE** : écartelé aux 1 et 4 : une croix alésée, aux 2 et 3 : une croix pattée. (Sceau de 1352).

GUILLAUME DE LA MARCHE, seig^r du dit lieu, P. de Bédée et de la Boëssière, Par. de Carentoir, pourrait avoir été fils d'autre Guillaume de la Marche qui donne, en 1306, aux exécuteurs testamentaires du Duc Jean II, quittance scellée de ses armes : d'azur au dextrochère vêtu d'un fanon d'argent, tenant une fleur de lys de même (*D. Morice, T. I., Preuves, Sceaux n° 210.*) Du moins, la différence d'armes n'empêcherait pas de supposer que Guillaume 1er ait été père de Guillaume II, l'un des chevaliers du combat des 30, car les changements d'armes étaient fréquents au xive siècle. Quant aux armes que nous attribuons à celui-ci, nous les prenons sur deux quittances scellées de son sceau et données à Malestroit, tant pour lui que pour Jean sire de Kergorlay, en l'absence du sceau de ce dernier, présent M. Even Charuel, du payement de leurs gages et de ceux des bacheliers, écuyers et archers de leur compagnie. (*D. Morice, T. I., Preuv. col.* 1482, 1483.) Ces quittances sont datées du 11 Août 1352.

Guillaume de la Marche fut tué trois jours après, avec le sire de

Tinténiac, au combat de Mauron, livré le 14 Août, ainsi que le rappelle le poème de Guillaume de S.-André :

> De Tinténiac le droict seignour
> Avec la Marche mourut cel jour ;
> Adonc vint le dit en appert :
> Qui trop convoite , le tout perd.

Le P. Aug. du Paz nous apprend (*Gén. des Seig. de La Chesnaye* , *P*. 486) que Guillaume de la Marche avait une sœur, Olive, à laquelle il promit, mariage faisant, 50 livres de rente, et qui fut mariée, vers 1336, à Jean Le Bouteiller, s^r de la Chesnaye ; et un fils Jean, seig^r de la Marche et de la Boëssière, qui par acte passé l'an 1372, par la cour de Ploërmel, baille et fait assiette à Guillaume Le Bouteiller, son cousin, de 27 livres de rente, du reste des 50, promises pour le mariage de sa tante Olive de la Marche , mère du dit Guillaume Le Bouteiller. Jean de la Marche , employé avec la qualité de chevalier dans les montres d'Olivier de Clisson de 1375 à 1388, ratifia le traité de Guérande en 1380, et mourut sans postérité.

Sa succession fut recueillie par Jeanne de la Marche , sa sœur, mariée à Raymond, vicomte de Fronsac, en Guyenne. (*Du Paz*, *P*. 178 *a et* 645.) De ce mariage naquit Jeanne de Fronsac, dame de la Marche et de la Boëssière, femme de Guillaume de Penhoët, dit le Boîteux, capitaine de Rennes en 1356.

Jean de Penhoët, fils des précédents, amiral de Bretagne, s^r de la Marche et de la Boëssière, est employé avec cette qualité à la réformation des fouages des paroisses de Bédée et de Carentoir, faite aux années 1427 et 1440, et Françoise de Penhoët, sa petite fille , fit entrer ces possessions dans la maison de Rohan, par son mariage, en 1475, avec Pierre de Rohan, seig^r de Gyé, maréchal de France, mort en 1513.

Il a existé en Bretagne deux autres familles de la Marche ; la première, originaire de Cornouailles , a produit le dernier Evêque de Léon et portait de *gueules au chef d'argent* ; la seconde, possessionnée dans l'Evêché de Dol, s'armait d'*azur à 6 besants d'or, au filet de gueules brochant ;* mais nous n'avons rien trouvé dans leur filiation , qui pût les rattacher à la famille du combattant des 30.

6° RAGUÉNEL : écartelé d'argent et de sable, au lambel de
4 pendants, de l'un en l'autre. (Sceau de 1283 à 1352).

ROBIN RAGUÉNEL , chev^r, seig^r de Chateloger, Par. de St-Erblon,
Ev. de Rennes, était fils de Robin dit le *jeune* et petit-fils d'autre
Robin , ce dernier conseiller et chambellan des Ducs Jean II, Arthur
II et Jean III. Robin III suivit le parti de Charles de Blois et fut l'un
des chevaliers qui combattirent « en cette tant célébrée et rechantée
bataille des Trente.» (*Du Paz.*) En 1352, il donne quittance scellée de
ses armes , des gages de 4 écuyers et 10 archers de sa compagnie.
(*D. Mor., T.I.,Pr.,col.* 1479.) De son mariage avec Jeanne de Dinan,
vicomtesse de la Bellière, Par. de Pleudihen, il eut entre autres enfants Guillaume, tué à la bataille d'Auray, en 1364, et Tiphaine, première femme de Bertrand du Guesclin. Jean Raguénel, petit-fils
de Robin, fut tué à la bataille d'Azincourt, en 1415, et autre Jean,
eig^r de Chateloger et vicomte de la Bellière, son arrière-petit-fils,
en épousant Jeanne , dame de Malestroit, prit les nom et armes de
Malestroit. De cette maison, les seigneuries de Chateloger et de la
Bellière ont appartenu successivement , par alliance, aux Rieux ,
Laval, Montejean, Acigné, du Chastel, Rieux et, en 1587, Boiséon.
(*Du Paz, P.* 150 *et suivantes.*) La dernière héritière de ce nom,
Renée-Thérèze du Boiséon, dame de Chateloger, épousa, vers 1730,
Louis-Charles-Marie de la Bourdonnaye, seig^r de Montluc, président
aux enquêtes au Parlement de Bretagne, et leurs descendants possè-
dent toujours Chateloger.

7° S.-HUGEON *aliàs* S.-Yvon : d'argent à la croix de sable,
chargée d'une cotice de gueules.

HUON, chev^r, seig^r de S.-Hugeon, Par. de Brélévénez , Ev. de Tréguier, n'est plus cité dans l'histoire après le combat des 30. D. Morice
(*T.II., Preuves, col.* 648) mentionne seulement un échange entre Guil-

laume Loz et Guillaume, s^r de S.-Hugeon, en 1395, et ce Guillaume paraît avoir été le fils d'Huon. La terre de S.-Hugeon passa, vers cette époque, aux du Plessix, et fut possédée, jusqu'en 1600, par la maison de Quélen , de la succession d'Alix du Plessix, dame de S.-Hugeon, épouse, eu 1400, de Jean de Quélen, s^r de Locquenvel. (*Généal. mss. de la Maison de Quélen, en Basse-Bretagne, dressée, en 1690, par D. Gallois, religieux bénédictin du Couvent de Redon.*)

Enfin, la Réf. de 1669 nous apprend qu'au XVIIe siècle , S.-Hugeon appartenait à la famille de Kerverder, mais nous ignorons si cette possession provenait d'acquêt ou d'héritage.

8° BODÉGAT : de gueules à 3 tourteaux d'hermines.
(Sc. 1307).

Caro, chev^r, seig^r de Bodégat, Par. de Mohon, Ev. de S.-Malo, paraît avoir été fils d'autre Caro (abrégé de Carolus) et d'Aliénor, morte en 1320 ; petit-fils de Caro, marié, en 1257, à Isabeau de Craon, veuve de Raoul, baron de Fougères (*Hist. mss. des Barons de Fougères, par Aug. du Paz*), et arrière-petit-fils d'Eudes de Bodégat, qui se croisa, en 1248, avec Hamon Le Denais, Geoffroi de l'Epine et Philippe de Juigné. (*Charte de 1249 pour régler leur passage de Chypre à Damiette.*)

Caro de Bodégat, blessé et fait prisonnier au commencement du combat des 30, fut délivré par la mort de Bembro, et on le retrouve avec plusieurs de ses compagnons, Guy de Rochefort et Hugues Catus, dans une Montre reçue à Dinan le 1er Juillet 1351 ; mais rien n'indique s'il laissa postérité, ni l'époque de sa mort.

Guillaume de Bodégat ratifia le traité de Guérande en 1380, et la branche aînée de cette famille se fondit bientôt après dans la maison de Tréal, à laquelle appartenait Bodégat, lors de la Réformation des fouages de la Paroisse de Mohon, faite aux années 1427 et 1440.

Gillette de Tréal, dame de Bodégat, épousa, vers 1500, Guy de Sévigné , et leurs descendants possédaient encore à la fin du XVIIe siècle la seigneurie de Bodégat, qui appartenait, au siècle suivant, aux du Plessix de Grénédan.

Une branche cadette de la famille de Bodégat a subsisté jusqu'au xvıᵉ siècle, dans la Paroisse de Ménéac, limitrophe de Mohon, et y possédait le fief de la Riaye. Elle était représentée à la Ref. de 1427 par Alain, père de Caro, marié, en 1450, à Marie de Rohan, de la maison du Gué-de-l'Isle. (*P. Anselme, T. IV. p.* 75.) Caro fit *Montre* en 1479, avec les nobles de l'Archidiaconé de Porhoët, *en équipage d'homme d'armes, à deux archers, un coustilleur et page ;* mais son *destrier* ne fut point approuvé par les commissaires de la Montre ; et il reçut *injonction de fournir un cheval de prix.* Il laissa un fils nommé comme lui, Caro ; mentionné dans la Déclaration faite en 1513, des personnes, manoirs et métairies nobles, de la Par. de Ménéac, comme tenant la maison de la Riaye, *que souloit tenir* feu Caro de Bodégat son père, et il paraît avoir été le dernier mâle de sa famille.

9° DU BOIS , *aliàs* DU BOIS-OURHANT *ou* COATGOUR-HANT: d'or au lion de sable, brisé d'une fasce de gueules.

Geffroy du Bois , chevalier au combat des 30, se retrouve , le 22 Juin 1351 , au nombre des quatre chevaliers de la Montre de Jean de Beaumanoir, où figurent plusieurs autres combattants du chêne de Mi-Voie, savoir : Alain de Keranrais, Louis Gouëon, Olivier de Fontenay et Tristan de Pestivien , et comparaît, avec les mêmes compagnons d'armes, dans une autre Montre reçue le 10 Octobre de la même année. Ce fut lui qui tua d'un coup de lance Bembro, qu'Alain de Keranrais avait déjà atteint au visage ; il est surtout célèbre par son mot à Beaumanoir, si bien rendu par le trouvère contemporain :

« Beaumanoir, bois ton sang ! la soif te passera.»

Il échappe entièrement à l'histoire, après cette année 1351 ; aussi est-il impossible de déterminer d'une manière absolue à laquelle des douze familles du *Bois,* du *Bouais* ou le *Coat,* employées en

Bretagne dans les Réformations du xve siècle, il pouvait appartenir, aucune d'elles n'ayant remonté sa filiation jusqu'en 1350. Entre cent autres familles *d'ancienne extraction*, dont le nom composé commence par le *Coat* ou du *Bois*, comme Boisbilly ou Coatbilly, Bois-de-la-Salle ou Coatsal, Boiséon ou Coatéon, Boisriou ou Coatriou , Bois-de-la-Roche ou Coatarroc'h, etc., la recherche est encore plus difficile, attendu qu'au xive siècle les noms composés ne s'énonçaient pas toujours en entier, dans les chartes bretonnes. Ainsi , le Bon du Pont-l'Abbé est généralement appelé Bon du Pont seulement, et les seigneurs de la Roche s'entendent à la fois des possesseurs de la Roche-Bernard, de la Roche-Derrien , de Rochefort, etc., ce qui a plus d'une fois induit en erreur les historiens modernes.

Les plus anciens documents relatifs à une famille *du Bois* en Bretagne, nous apprennent qu'en 1270 Olivier du Bois (Oliverius de Boscho), chevalier, et Agnès, sa compagne, donnent à leur fils Geoffroi (Gaufridus de Boscho-Gorhant), les dîmes qu'ils possédaient dans la paroisse de S.-Quay. (*D. Morice, T.,I. Pr., col.* 1021.) Il n'est pas difficile de reconnaître dans *Boscho-Gorhant* la traduction de Coat gourhant, nom d'une famille originaire de la Par. de Louannec, limitrophe de S.-Quay, et la similitude dans les prénoms peut la faire présumer dans les familles.

Nous savons bien que les familles du Bois de la Ferronnière et du Bouais de Couësbouc , quoiqu'ayant l'une et l'autre une origine et des armes différentes, revendiquent, le Geoffroi du combat des 30 ; mais nous ne voyons pas plus de probabilités pour l'une de ces familles que pour ses nombreux homonymes, et nous croyons qu'il en existe davantage, en faveur des Bois-Ourhant ou Coatgourhant, de la paroisse de Louannec.

Huon de Coatgourhant, seig[r] du dit lieu, employé, ainsi qu'Olivier de Coatgourhant, dans la Réf. de 1427 , Par. de Louannec, prête serment de fidélité au Duc, entre les nobles de Tréguier, l'an 1437. Sa postérité porta, peu d'années après , par mariage , la terre de Coatgourhant dans la maison de Loz, qui existe encore aujourd'hui ; mais une branche cadette des Coatgourhant existait encore au xvie siècle, et était représentée à la Réf. de 1543, Par. de Camlez, par Yvon , époux de Marguerite Conen , s[r] et dame de Pratanscoul. Cette branche, comme toutes les autres, est depuis longtemps éteinte.

10° AREL : écartelé d'argent et d'azur.

OLIVIER AREL, chev^r,seig^r de Kermarquer, P. de Plomeur-Gauthier, trève de Lezardrieux, accompagnait Charles de Blois au siège de la Roche-Derrien, en 1347, et se distingua au combat des 30, en 1351. Il paraît avoir été fils d'autre Olivier Arel, priseur noble dans un échange entre le Duc Jean III et Brient de Chateaugiron, en 1316, et de Jeanne de Penhoët. Olivier II épousa Olive du Chastel, de laquelle il eut Olivier III, marié, vers 1371, à Catherine de Kerimel, d'où sortit Olivier IV, mari de Jeanne de Kergorlay, prisonnier en Angleterre avec Tanguy du Chastel, en 1404, et père d'Olivier V, qui épousa Clémence du Guermeur, est employé Réf. de 1427, Par. de Plomeur-Gauthier, et signait, en 1422, le traité conclu avec le Duc de Bourgogne, et, en 1427, la ratification du traité de Troyes. Jean Arel, fils des précédents, épousa Jeanne de Plœuc, et fut père de Pierre, commissaire de la Montre de Tréguier en 1462, homme d'armes dans la Montre générale de l'Evêché de Tréguier en 1481, et époux, en 1476, de Jeanne de la Feillée, dont Marguerite Arel, dame de Kermarquer, employée Ref. de 1513, Par. de Plomeur, et alliée à Jean L'Evesque, seig^r de S.-Jean, Par. de S.-Mallon, Ev. de S.-Malo, fils de Pierre et de Françoise Chauvin.

François L'Evesque, fils de Jean et de Marguerite Arel, voyant s'éteindre, en la personne de sa mère, la très-illustre maison des Arel, prit lettres du Roi François Ier pour en porter le nom (*Le Laboureur Généal. des Budes, P.* 104), et Anne Arel, son arrière-petite-fille, épousa, au commencement du xviie siècle, Julien Budes, seig^r de Blanche-Lande, dont la fille, Saincte Budes, dame de Kermarquer, prit en mariage, en 1640, Charles Anseré, seig^r de Courvaudon, conseiller au Parlement de Rouen. Depuis cette époque, Kermarquer a été possédé par les Coatrieux.

Une branche cadette, issue comme la précédente de François l'Evesque, et qui possédait Kermerc'hou, en Garlan, s'est fondue, au xviie siècle, dans les Bigot de Kerjégu, puis Fleuriot de Langle, et cette dernière famille existe encore.

11° ROUXELOT : d'argent à 3 haches d'armes de sable. 2. 1.

Jean Rouxelot, Rousselot ou Rousselet, chev^r s^r de Limoëlan, Par. de Sévignac, blessé au combat des Trente,

« Messire Jean Rousselot fut féru jusqu'à mort. »

paraît avoir été fils de Guillaume, l'un des exécuteurs testamentaires de Rolland de Dinan, en 1304, et neveu de Raoul, Evêque de S.-Malo en 1310, Pair de France et Evêque de Laon en 1318, mort en 1323.

Jean Rouxelot ne laissa qu'une fille unique, Jeanne, dame de Limoëlan, mariée à Louis de Dinan, juveigneur de Rolland, seig^r de Montafilant. (*Du Paz, Genéal. de Montafilant, p.* 139.)

On voit par la Réformation des fouages de la paroisse de Sévignac, qu'aux xve et xvie siècles, Limoëlan appartenait à la famille de Kersaliou, et cette terre a été possédée successivement depuis par les familles de la Chapelle de Syon, Guémadeuc, Beaumanoir, la Roüe et Picot.

Ecuyers.

12° MOUTAUBAN : de gueules à 7 macles d'or, au lambel de 4 pendants d'argent. (Sceaux de 1314 à 1407).

Guillaume de Montauban, fils de Renaud et d'Amice du Breil, sieur et dame du Bois-de-la-Roche, Par. de Néant, décida, par son stratagème, de la victoire en faveur des Bretons.

Guillaume de Montauban le preux et l'alosé (*renommé*)
De l'estour (*combat*) est issu et les a regardez
Grant courage lui print, le cœur lui est enflé

Et jure Jesus-Christ qui en croix fut poiné
S'il fust sur un cheval bien monté à son gré
Trétoux les départist (*disperserait*) o honte et o vileté (*bassesse*).
Bons esperons tranchantz lors caucha en ses piedz
Monta sur un cheval qui fut de grant fierté
Et lors print une lance dont le fer fut carré
Semblant fist de fuir, ly escuier membré.
Beaumanoir le regarde, puis l'a araisonné (*lui adresse la parole*)
Et dist : « Amy Guillaume qu'est-ce que vous pensez ?
» Comme faux et mauvais comment vous en allez !
» A vous et à vos hoirs vous sera reprochié.,...»
Quant Guillaume l'entend un riz en a jecté,
A haulte voix parla, que bien fust escouté :
« Besoingnez, Beaumanoir, franc chevalier membré,
» Car bien besoingneray, ce sont tous mes pensées.»
Lors broche ly cheval par flancs et par costez
Que le sang tout vermeil en chait (*jaillit*) sur le prez ,
Par les Englois se boute, sept en a trébuchiés ,
Au retour en a trois sous luy agraventés (*renversés*).
A ce coup les Englois furent esparpillés ,
Tous perdirent les cœurs, c'est fine vérité.
Qui veult en a choisi, prins et sermentez } *fait prisonniers sur parole ou sur serment.*
Montauban hault parla quant les a regardés :
« Montjoie s'escria ; barons or y ferez....
» Vengiez vous des Englois tous à vos volentez.»

(Poème du Combat des Trente.)

Il prit part, le 14 Août 1352, au combat de Mauron, avec Jean de Beaumanoir, Even Charuel et les sires de Tinténiac et de la Marche. Ces deux derniers y furent tués, ainsi que Guy de Néelle, sire d'Offemont, maréchal de France, et Guillaume de Montauban, qui mourut sans alliance, n'est pas cité dans la suite.

La postérité d'Alain , sire de Montauban, son oncle, a fini à Catherine, dame du Bois-de-la-Roche, épouse, au xvi⁰ siècle, de René de Volvire , baron de Ruffec. De cette famille, le Bois-de-la-Roche a passé, par alliance, aux L'Olivier de Saint-Maur, et ces derniers, l'ont transmis, il y a un siècle, aux Saint-Pern de Couëllan. (*P. Anselme, T. IV., P.78, Ogée, verbo Néant.*)

13° TINTÉNIAC : d'argent à 2 jumelles d'azur, brisées d'une cotice de gueules.

ALAIN DE TINTÉNIAC accompagnait Charles de Blois au siège de Quimper, en 1344 (*Enquête pour la canonisation de Charles de Blois en 1371. D. Morice, T. II. Pr., col. 28*) ; il épousa Adelice de Rostrenen, fut l'un des écuyers du combat des 30, en 1351, et vivait encore en 1356, comme le prouve la quittance qu'il donne à Jean Chauvel, trésorier des guerres du Roi Jean, de ses gages et de ceux des écuyers et archers de sa compagnie. (*D. Morice, T. I., Pr., col. 1506.*)

Sa postérité n'est pas connue ; on sait seulement qu'il était frère du sire de Tinténiac tué à Mauron, et d'Olivier de Tinténiac qui suit, tous trois enfants de Olivier et d'Etaisse de Chateaubriant. Olivier II, rappelé comme son frère dans l'enquête pour la canonisation de Charles de Blois, qu'il suivit au siège de Quimper en 1344, épousa, en 1343, Amice de Léon, fille d'Hervé, s^r de Noyon sur Andelle, et de Jeanne de Montmorency, et mourut vers 1371. Il fut père de Geoffroi de Tinténiac, s^r du Plessix-Meslé, de Sénones et d'Entrehais, marié, vers 1368, à Béatrix du Matz, dame du Bourg, Par. de Marcillé-Robert, Ev. de Rennes, morte en 1405, (*Aug. du Paz, p. 339.*)

Pierre, fils des précédents, s^r du Bourg, de la Marre et des Freux, Par. de Marcillé, de Millac et de la Villescoz, Par. de Bais, commissaire pour la Montre du pays de Marcillé-Robert, en 1424 (*D. Mor., T. II., Pr., col. 1166*), et employé dans les Réf. de 1427 et 1440, Par. de Marcillé et de Bais, s'établit en Anjou, où il fut seigneur du Porcher et de la Coqueraye.

Pierre II, son arrière-petit-fils, épousa, en 1520, Françoise, dame de Quimerch, Par. de Bannalec, Ev. de Cornouailles, et prit les armes de sa femme, *d'hermines au croissant de gueules,* que sa postérité, qui existe encore, a conservées.

14° PESTIVIEN : vairé d'argent et de sable. (Sceau 1397).

Tristan de Pestivien, fils juveigneur de Jean, baron de Pestivien, et de Constance de Rostrenen, dame de Glomel, blessé et prisonnier au combat des 30, recouvra sa liberté par la mort de Bembro et survécut à sa blessure, puisqu'on le voit, plusieurs mois après, comparaître à des Montres, des 22 Juin et 11 Octobre 1351, avec Jean de Beaumanoir, Louis Gouéon, Olivier de Fontenay, Geoffroi du Bois et Alain de Keranrais, ses compagnons au combat des 30. On le croit père de Guillaume de Pestivien qui jure fidélité au Duc pour la capitainerie de Brest, donnée à Jean Périou en 1397 (*D. Morice, T. II., Pr., col.* 709) : Guillaume fut père de Jean, seig^r du Vern, Par. de Guiscriff, et de Kermabguennou, Par. de Ploerdut, qui accompagne le Duc en France en 1418, et est employé dans les Réf. de 1426 à 1448, Par. de Guiscriff et de Ploerdut. Jean de Pestivien laissa trois fils : 1° Guillaume, s^r du Vern, archer en brigandine dans la Montre générale de Cornouailles de 1481, Par. de Guiscriff; 2° Alain, s^r de Kermabguennou, Réf. de 1513, Par. de Ploerdut, et 3° Charles, s^r de Goasvennou, Par. de Plounévézel, père d'autre Charles, employé dans les Réformations et Montres de Plounévézel, Trébrivant et Treffrin, Ev. de Cornouailles, en 1536 et 1562, trisayeul de François, s^r de Goazvennou, marié en 1670 à Louise-Françoise du Coëtlosquet, dont les descendants se sont éteints en 1776.

Le château de Pestivien, dont s'était emparé, en 1363, Roger David, époux de Jeanne de Rostrenen, capitaine anglais du parti de Montfort, fut repris la même année par du Guesclin, ruiné de fond en comble et restitué enfin à son légitime possesseur, Bizien de Pestivien, frère aîné de Tristan, et capitaine de Quimperlé, qui ratifia le traité de Guérande en 1381. Bizien ne laissa qu'une fille unique, Jeanne, dame de Pestivien, mariée à Guy V, sire de Molac (*Le Laboureur, p.* 74), dont le fils, Guy VI, sire de Molac, époux de Marguerite de Malestroit (*Du Paz, p.* 171), et seig^r de Pestivien, du chef de sa mère, fut appelé au Parlement général de Bretagne, tenu à Vannes en 1462.

Lors de la Réformation de 1536, la baronnie de Pestivien appartenait à Jean de Kerméno, de la Par. de Plougonver, et elle a été possédée depuis par les Kergorlay du Cleuzdon, qui l'ont transmise, en 1668, à la famille du Cleuz du Gage, fondue, en 1785, dans celle de Kerouartz.

15°, 16° KERANRAIS : vairé d'argent et de gueules.

ALAIN DE KERANRAIS, choisi avec son oncle, Olivier de Keranrais, pour tenir la gageure de Beaumanoir contre Bembro, prit une part fort honorable à la bataille, en renversant mortellement le capitaine anglais, que Geoffroi du Bois acheva. Il n'est point parlé de son oncle Olivier dans la suite, mais nous retrouvons Alain de Keranrais dans des Montres des 22 Juin et 30 Août 1351, reçues par Jean de Beaumanoir, où l'on voit figurer ses compagnons Geoffroi du Bois, Louis Goućon, Olivier de Fontenay et Tristan de Pestivien, et, parmi les archers, Jean de Keranrais.

Alain et Olivier, son oncle, appartenaient à une branche cadette de la maison de Keranrais, Par. de Plouaret, Ev. de Tréguier. La branche aînée était représentée, à la même époque, par Bizien, sire de Keranrais, mentionné avec son porte-targe dans une Montre de Hue de Kenautret, reçue en 1356. Pierre, sire de Keranrais et de Runfao, P. de Ploubezre, qui paraît fils de Bizien, épousa, vers 1369, Tiphaine Le Vayer, dame de la Rigaudière, dont sortit Evon, sire de Keranrais, qui signe l'association de 1379 pour empêcher l'invasion étrangère, ratifie le traité de Guérande en 1381 et est employé Réf. de 1427, P. de Plouaret. Il ne laissa qu'une fille, Anne, dame de Keranrais et de la Rigaudière, mariée 1° à Olivier, vicomte de Coëtmen, dont elle n'eut pas d'enfants, 2° à Jean de Montauban, seigr du dit lieu. Elle mourut en 1499. (*Aug. du Paz, p. 462, 463.*)

Marie de Montauban, leur fille et seule héritière, porta, par mariage, les possessions de ses père et mère dans la maison de Rohan-Guéméné, à qui Keranrais appartenait encore lors de la Réf. de 1536, et qui a passé depuis à la famille Hay de Bonteville, par alliance, au dernier siècle, avec les Boiséon.

D'autres branches de la maison de Keranrais ont été possessionnées, aux xv* et xvi* siècle, dans l'Evêché de Léon, Par. de Treflaouenan, Lanarvily, Kernilis, Plouvien et Plourin ; elles sont éteintes depuis 1550.

17° GOYON ou GOUÉON : d'or à 2 fasces nouées de gueules acc^{ées} de 9 merlettes de même 4. 2. 3, à bande d'azur brochant. (Sc. 1351).

« Loys Goion y viendra férir d'un branc d'acier. »

Louis Goyon ou Gouéon, s^r de Launay, Par. de Ploubalay, Ev. de S.-Malo, fils juveigneur d'Etienne, sire de Matignon, et de Jeanne de Launay, dame du dit lieu, Par. de Ploubalay, sa première femme, fut l'un des écuyers du combat des 30, et portait tantôt les armes de Matignon *brisées d'une bande d'azur*, tantôt les armes de sa mère, Jeanne de Launay, (*deux léopards*), que ses descendants ont conservées en en renversant les émaux.

Il comparaît à des montres reçues par Jean de Beaumanoir, les 22 Juin et 30 Août 1351, avec Geoffroi du Bois, Tristan de Pestivien, Alain de Keranrais, Olivier de Fontenay et Guyon de Monteville, archer, et servait avec sept autres archers sous le comte de Tancarville, suivant sa quittance scellée de ses armes, le 9 Juillet de la même année.

Il épousa Jeanne Bouëtard, dame de la Bouëtardaye, Par. de Bourseul, dont il eut Louis, s^r de la Bouëtardaye, marié à Clémence Ruffier. Charles, fils des précédents, époux de Olive de Beaumanoir employé Ref. de 1439, Par. de Bourseul fut père de Rolland employé Réf. de 1448 et 1467, et Montre de 1479, époux de Françoise Bernier et père 1° de Rolland, conseiller aux grands jours de Bretagne en 1495, 2° de François, qui a continué la filiation jusqu'à Pierre Gouéon. s^r

de la Bouëtardaye, marié à Marguerite Le Bigot, dont Gillette, dame de la Bouëtardaye, alliée en 1647, à Pierre de Bédée, s^r de la Mettrie, famille qui existe encore et à laquelle appartenait la mère de Châteaubriand. (*P. Anselme, T. V, page* 420 *et arrêt de noblesse du* 31 *Janvier* 1669, en faveur de René Gouéon, s^r de la Bouëtardaye, mort sans postérité et de Gillette sa sœur).

18° FONTENAY : d'or à l'écu en abyme de gueules, à l'orle de 8 merlettes de même.

OLIVIER DE FONTENAY, qui seconda son illustre chef Beaumanoir au combat de Mi-Voie, se retrouve à la Montre faite par ce dernier, le 30 Août 1351, avec quatre autres compagnons dont il paraît inséparable, savoir : Geoffroy du Bois, Tristan de Pestivien, Alain de Keranrais et Louis Gouéon. On a dit qu'Olivier de Fontenay prenait son nom d'un manoir situé dans la Par. de Chartres, Ev. de Rennes. Ce manoir possédé, au xive siècle, par Amaury, sire de Fontenay, maréchal de Bretagne, fut porté par sa petite-fille, dans la maison d'Acigné, en 1408, d'où il est passé, à la fin du xvie siècle, aux Cossé-Brissac, et, de ceux-ci, aux Neuville de Villeroy, qui l'ont vendu aux du Pont des Loges. Mais les documents manquent entièrement pour adopter sans réserve cette origine ; attendu qu'il a existé une autre famille de Fontenay dans l'Evêché de Saint-Brieuc qui peut revendiquer, aussi bien que ses homonymes de l'Evêché de Rennes, l'écuyer Olivier de Fontenay. Si la répétition du même prénom pouvait être une présomption en faveur de l'une de ces familles, c'est même à celle de Saint-Brieuc qu'appartiendrait le personnage en question. Du moins, on trouve un Olivier de Fontenay employé Réf. de 1441, Par. de Maroué, et autre Olivier et Guillaume de Fontenay, Réf. de 1476, même paroisse ; ce dernier, homme d'armes dans une Montre reçue à Malestroit en 1488. C'est la dernière fois que le nom de Fontenay est cité dans les preuves de l'histoire de Bretagne, si ce n'est qu'un siècle après, on voit un sieur de Fontenay, du parti de la Ligue, s'échapper, en 1589, de la tour aux Foulons, à Rennes. (*D. Morice, T. III., Preuves, col.* 1703.)

19° CATUS : un chat ou léopard, accompagné d'étoiles
sans nombre.

« Huguet Catus, le sage, ne doit-on oublier. »

Hugues Catus, seig^r du Breuil, en Bas-Poitou, paraît avoir été
frère cadet de Jean, écuyer, paroissien de Machecoul en 1347, et
avoir eu pour premier auteur connu Maurice Catus, sénéchal de la
Garnache de 1185 à 1200, et pour père Maurice Catus, chevalier,
témoin, en 1359, d'un traité entre Jean Gastineau, s^r de Vieillevigne,
et Sévestre du Chaffault. Hugues Catus se retrouve dans une Montre
reçue par Thibaut de Rochefort, le 1er Juillet 1351, avec deux de ses
compagnons, Guy de Rochefort et Caro de Bodégat, et le célèbre
André du Chesne nous a conservé un fragment de la généalogie de
sa famille. (*Histoire de la Maison de Chasteigner*, 1634.)

Jean Catus, frère aîné de Hugues, qui fait l'objet de cet article,
laissa un fils, nommé aussi Hugues, marié 1° à Henriette de Chasteigner, 2° à Jeanne Jousseaume. Il vivait encore en 1433, ce qui empêche de le confondre avec le personnage choisi par Beaumanoir, un
siècle avant.

Jean, s^r des Granges, près Fontenay-le-Comte, et capitaine de Tal-
mont, accompagna François Ier à sa campagne du Milanais, en 1524,
et reconstruisit à son retour son château des Granges, l'un des plus
jolis spécimens de la Renaissance, sur lequel nous avons fait relever
ses armes *parlantes*. Marie Catus, sa petite-fille, dame des Granges,
fille de Hardy Catus et de Jeanne du Fouilloux, sœur du célèbre auteur de la vénerie, épousa Jean de la Haye, s^r de Jarzé, lieutenant-
général de la sénéchaussée de Poitou, tué pendant la Ligue. De ce
mariage naquit une fille unique, Urbane, héritière des Granges-Catus,
du Fouilloux et de Jarzé, mariée, vers 1600, à Pierre de Launay,
s^r d'Onglée, chev^r de l'ordre du Roi, auteur des Launay de Pontgi-
rault, établis en Bretagne.

La branche des Catus, possessionnée à Machecoul, existait encore au commencement du xvie siècle, en la personne de Pierre, écuyer, habitant de ce bourg, et de Jean, son frère, époux de Françoise Berthelot, établi vers Vieillevigne.

20° LA ROCHE : un chien passant, accompagné de 2 molettes, une en chef, une en pointe. (Sceau de 1302).

Il est impossible d'attribuer à aucune famille de la Roche, en particulier, l'écuyer Geoffroy de la Roche qui fut fait chevalier par Beaumanoir, au milieu de l'action :

> Mais Geffroy de la Roche requiert chevalerie,
> Un escuier moult noble, de grant accessorie,
> Et Beaumanoir lui donne au nom Sainte Marie
> Et lui dit : Beau doulx fils, ores ne t'espargne mie ;
> Membre-toi de celuy qui par chevalerie
> Fut en Constantinople o belle compaignie.

Et ailleurs, en désignant les 30 combattants, le poème ajoute encore :

> Et Geffroy de la Roche sera fait chevalier
> Comme Eudes, son bon père, qui alla guerroier
> Jusqu'à Constantinople pour grant honneur gaigner.

Nous croyons reconnaître dans Eudes, nommé ailleurs *Budes* et *Brice*, et qualifié par le poëte, *bon père*, c'est-à-dire aïeul de Geoffroi de la Roche, un croisé qui aurait accompagné Baudouin, comte de Flandres, au siège de Constantinople et en Grèce en 1204. Mais nous n'oserions croire avec d'Argentré, qu'il fut la tige des Ducs d'Athènes de la maison de la Roche, dont les monnaies au xiiie siècle portent pour armoiries *cinq points équipollés*. Eudes fut-il père de Geoffroi de la Roche, alloué de Rohan, assesseur dans un prisage des biens de Henry d'Avaugour, en 1288, et dont un sceau de 1302 nous a été conservé par D. Morice. (*T. I., Pr., col.* 1180.)

La similitude dans les prénoms pourrait alors faire supposer que le chevalier du combat des 30 était fils de l'alloué Geoffroi. Nous ignorons ce qu'il devint ensuite et s'il appartenait à l'une des maisons de la Roche-Trébry, fondue dans Freslon ; de la Roche-Helgomarc'h, Par. de S.-Thoys, fondue dans Rostrenen, ou de la Roche-Héron, Par. de Pleyberchrist, qui existe encore de nos jours.

Nous pouvons seulement affirmer qu'il n'avait rien de commun avec la famille de *la Roche-St-André*, originaire du Poitou, et établie en Bretagne deux siècles après le combat des 30, ni avec la famille *Budes de Guébriant*, attendu qu'en admettant que *Budes* soit la bonne version du prénom de l'aïeul de Geoffroi de la Roche, et non *Eudes* ou *Brice*, qui désigne le même personnage, Budes n'en resterait pas moins un prénom et nullement un nom patronymique. En outre, la maison des Budes n'a jamais possédé de seigneurie de la Roche, et son historiographe *Le Laboureur*, aurait eu soin de lui attribuer le chevalier Geoffroi de la Roche, s'il avait existé la plus légère vraisemblance à cet égard.

21° POULART : écartelé aux 1 et 4 de gueules à une rose d'argent aux 2 et 3 de sinople plein. (Sceau 1365).

> Aussy Geffroy Poulart gisant trestout dormant
> Feut mort et abatu en un pré verdoiant.

GEOFFROY POULART tué à la fin de l'action, paraît avoir été fils de Pierre, chevalier, s^r de Kergolleau, Par. de Plouézec, et de Kerberzault, Par. de Pléhédel, trésorier de Jeanne de Penthièvre, femme de Charles de Blois, au comté de Goëllo en 1339, et de Constance de Kerraoul.

Pierre passa sous sauf-conduit en Angleterre, en 1356, pour traiter de la rançon de Charles de Blois ; fit une fondation à l'abbaye de Beauport en 1364, et fut inhumé, avec sa femme, dans la chapelle Saint-Jean de Beauport, où se voit encore leur tombeau.

Parmi les autres enfants de Pierre, on remarque 1° Olivier, écuyer dans la Montre du 22 Juin 1351, reçue par Jean de Beaumanoir, à laquelle comparaissent Monsieur Geoffroi du Bois, Alain de Keranrais, Louis Gouéon, Olivier de Fontenay et Tristan de Pestivien; 2° Guillaume, Evêque de St-Malo, qui assista au concile provincial d'Angers en 1365 et mourut en 1384, 3° et Rolland, père de Jean, qui a continué la filiation de cette famille. Ce dernier figure dans les Montres d'Olivier de Clisson depuis 1375, et dans son testament, en 1406, pour un legs de 600 livres. Il est en outre compris, ainsi que Philippe, son fils, au rang des nobles des paroisses de Plouézec et de Pléhédel, à la Réf. de 1423. Philippe prête serment au Duc, entre les nobles de Goëllo, en 1437, et est employé, ainsi que Jean, son fils, à la Réf. de 1441. On trouve encore Laurent, homme d'armes, dans une Montre de 1464; Guillaume, fils de Jean, sʳ de Kerberzault, à la Réf. de 1513; Jean, fils de Guillaume, à celle de 1535, représenté à la Montre générale de Goëllo, en 1543, par François Poulart et Jean l'Artur, archers à cheval, « et excusé de sa personne après avoir informé de sa maladie.»

A cette Montre de 1543, Par. de Pléhédel, comparaissent aussi, en archers, Gilles Poulart, sʳ de Kermenguy, Amaury, sʳ de Lesclec'h, et Guillaume, sʳ du Traon, enfants de feu Sylvestre, homme d'armes de la garde du château de Bréhat, dans la guerre soutenue par la Duchesse Anne contre la France, en 1489. Puis le nom de Poulart disparaît de l'histoire.

Depuis longtemps déjà, le fief et la juridiction de Kergolleau étaient tombés dans la famille de Trogoff, et, au dernier siècle, ils étaient possédés par les Méhérenc de Saint-Pierre.

22° TRÉZIGUIDY : d'or à 3 pommes de pin de gueules les pointes en haut. (Sceau 1357).

La famille de Tréziguidy étant éteinte depuis près de quatre siècles, il est absolument impossible aujourd'hui, d'en établir la filiation. Voici les degrés épars que nous avons pu recueillir sur elle.

Maurice, sire de Tréziguidy, Par. de Pleyben, Ev. de Cornouailles, se croisa en 1248, et de concert avec Guillaume Richer, Yvon du Cosquer et Geoffroy L'Abbé, il donna procuration, en 1249, pour traiter de leur passage et de celui de leur suite de Chypre à Damiette. Il paraît avoir été père de Maurice, Evêque de Rennes de 1260 à 1282, et aïeul de Yves, sire de Tréziguidy, et de Maurice, l'un des écuyers du combat des 30, qui fit dans la suite une belle fortune en France, et dont le nom a été confondu, dans quelques relations, avec celui de la famille de Troguindy.

Les deux frères suivirent un parti opposé; en effet, Yves, d'abord capitaine d'Auray pour Charles de Blois, rendit la place à Jean de Montfort et défendit Hennebont contre son compétiteur, en 1344. L'année suivante, il contribua à la défaite de Louis d'Espagne, à Quimperlé et à la prise de Vannes, et, en 1352, au gain de la bataille de Mauron. Devenu dans la suite capitaine de Quimper, il rendit hommage, en 1382, à la Dame de Retz, pour ses terres de Cornouailles.

Nous ignorons si c'est de lui ou de Maurice, son frère, époux de Jeanne de Ploësquellec, que sont descendus les autres sires de Tréziguidy mentionnés dans l'histoire. La présence de Maurice au combat des 30 est attestée par le poème contemporain et par l'Histoire de Louis II, Duc de Bourbon, composée en 1429. Les Preuves de Dom Morice nous apprennent, en outre, qu'il donnait, en 1357 à Vitré, et en 1363 à Châteaugontier, quittances scellées de ses armes, du payement de ses gages et de ceux des archers de sa compagnie. Il se trouvait, en 1364, à Ouffay, en Gatinais; en 1373, au siège de Dinan avec le connétable du Guesclin et le Duc de Bourbon (1); en 1377, à l'expédition de Guyenne; et envoyé en ambassade en Aragon, en 1379, il lui était alloué, par le Roi Charles V, 365 francs d'or pour ses frais de voyage. Capitaine de la ville de Paris, en 1380, aux gages de 1200 livres parisis, il portait·la bannière du connétable aux obsèques qui lui furent faites à Saint-Denis, en 1389, et vivait encore en 1395, suivant les pièces d'un procès qu'il soutenait, cette même

---

(1) Et chevauchèrent les seigneurs devant Dinan, qui est l'entrée de Bretagne Bretonnant, où dedans estoit Maurice de Tréziguidy, le plus vaillant chevalier de Bretagne, car il fut l'un des chefs de la bataille des Trente. *(Histoire de Louis II, Duc de Bourbon.)*

année, contre Olivier du Guesclin, frère du feu connétable, pour terre d'Anneville, en Normandie.

Guy de Tréziguidy ratifia le traité de Guérande, en 1381, et était garde de l'oriflamme dans l'expédition de Flandres contre Philippe d'Artevelle, en 1382.

Jean, sire de Tréziguidy, Par. de Pleyben, et des Salles, Par. de Plouisy, que nous croyons fils aîné d'Yvon et neveu de Maurice qui précèdent, ratifia le traité de Guérande à Guingamp, en 1381, et est employé dans la Réf. de 1426, Par. de Pleyben et de Lanédern.

Jean, fils du précédent, ratifie, en 1470, les traités de Caen et d'Ancenis; assiste, en 1480, à l'entrée solennelle de Guy du Bouchet, Evêque de Cornouailles, et comparaît avec Gilles, son fils, en équipage d'hommes d'armes, aux Montres générales de Cornouailles et de Tréguier, en 1481.

Gilles suivit le parti du Duc contre Louis XI, et dans une rencontre, en 1487, il fit prisonnier et mit à rançon Olivier du Pont-l'Abbé, s^r de Ploësquellec.

Gilles ne laissa qu'une fille unique, mariée à Olivier, seig^r de La Paluc, qui n'eut à son tour qu'une fille, Françoise, femme de Troïlus de Montdragon, s^r du Hallot, mort vers 1535, d'où la terre de Tréziguidy a passé successivement, par alliance, aux Montmorency, Rosmadec, Kerlec'h, Kergrist, Kergariou et Barbier de Lescoat ; tandis que les Salles ont été possédées, après les Montmorency, par les maisons de Kergorlay, du Cleuz du Gage et Kerouartz.

23° PONTBLANC : d'or à 10 billettes de sable 4. 3. 2. 1.

Et Guyon du Pontblanc ne mettray en oubly.

Guyon, seig^r du Pontblanc, P. de Plouaret, peut être fils de Pierre, compris pour un legs de 30 livres dans le testament de Jean II, en 1304, ou de Geoffroi, maître-d'hôtel de Charles de Blois, tué au sac de Lannion, en 1346.

Nous retrouvons un Jean du Pontblanc dans des Montres et quittances de gendarmes du commencement du xve siècle. Sa postérité a porté la terre du Pontblanc dans la maison de Trogoff, et elle a été successivement possédée depuis par les Ploësquellec, Pont-l'Abbé, du Chastellier, Villeblanche (*Aug. du Paz, p.* 92, 93) et La Rivière-Saint-Quiouët.

En 1754, dame Marie-Louise-Julie de La Rivière, dame du Pontblanc, épousa le marquis de La Fayette, père du célèbre général, auquel le Pontblanc appartenait à la fin du dernier siècle.

24° DU PARC: d'azur au léopard d'or, au lambel de gueules.

Et Morice du Parc, un escuier hardy.

Maurice du Parc, seig^r du dit lieu, Par. de Rosnoën, Evêché de Cornouailles, ainsi qu'il le dit lui-même dans l'enquête pour la canonisation de Charles de Blois, en 1371 (*D. Morice, T. II., Pr., col.* 9), ne doit point être confondu, comme on l'a fait, avec une autre famille du Parc, s^r du dit lieu, Par. du Gouray, et de Locmaria, Par. de Ploumagoër, qui s'armait d'*argent à trois jumelles de gueules.*

Les du Parc de Rosnoën, issus en ramage des vicomtes du Faou, portaient les armes de ceux-ci, *brisées d'un lambel.*

Maurice, l'un des champions du combat des 30, puis capitaine de Quimper pour Charles de Blois, contribua, en 1359, pour la somme de 5000 écus, à la rançon de son maître prisonnier en Angleterre, et, à sa mort, passa au service de France. Suivant l'enquête susdite, il était âgé, en 1371, d'environ 50 ans, ce qui lui donne l'âge de 20 ans lorsqu'il fit ses premières armes au chêne de Mi-Voie. En 1372, il conduisait, avec Alain de Beaumont, l'aile gauche de l'armée du connétable à la déroute des Anglais devant Chisey, en Poitou, et était gouverneur de La Rochelle, en Aunis, en 1373. (*Le Laboureur, p.* 54.)

Les anciennes Réf. et Montres de Cornouailles mentionnent plusieurs membres de la même famille, savoir :

Henry, s^r du Parc, employé dans la Réf. de 1426, Par. de Rosnoën; Jean, archer en brigandine dans la Montre générale de 1481 ; autre Jean, s^r du Parc, Réf. de 1536, père de 1° Jean, mineur en 1562 et représenté à une Montre de cette année, par Jacques du Parc, son oncle paternel, en équipage d'arquebusier à cheval ; 2° Jeanne, Dame du Parc, après son frère mort sans hoirs, mariée, vers 1560, à Jean Troussier, s^r de la Gabetière. De ce mariage naquit une fille, Jeanne Troussier, Dame du Parc, mariée, en 1581, à Charles de Penmarc'h, s^r de Coëténez, Par. de Plouzané, dont la petite-fille, Marie-Françoise de Penmarc'h, Dame de Coëténez et du Parc, épousa, vers 1675, François Le Veyer, s^r de Kerandantec, Par. de Plouzané, et du Ster, Par. de Cléden-Poher.

Gabriel Le Veyer, fils des précédents, seig^r du Parc, de Coëténez et du Ster, mourut au Parc et fut enterré, en 1724, à Rosnoën, laissant de son mariage avec Marie-Perronnelle de Kerléan :

Roberte-Angélique Le Veyer, Dame du Parc, de Coëténez et du Ster, épouse de Claude-René de Guer, marquis de Pontcallec, frère de Clément décapité, en 1720, pour sa participation à la conspiration de Cellamare.

25° BEAUCORS : d'azur à deux fasces d'or.

GEOFFROY DE BEAUCORS, BEAUCOURS ou BEAUCORPS, s^r du dit lieu, Par. de St-Cast, Evêché de St-Brieuc, qui combattit au combat des 30, n'eut qu'une fille, Jeanne, Dame de Beaucors, mariée à Jean Goyon, que d'Hozier, dans ses Tables généalogiques, dit fils de Bertrand II Goyon, seig^r de Matignon, et de Jeanne de Dinan. Ce Jean Goyon est l'auteur des branches de Beaucors et du Vaurouault. (*P. Anselme, T. V., p.* 400.)

Mais Geoffroi de Beaucors paraît avoir eu un frère juveigneur, nommé Jean, cité parmi les seigneurs Bretons qui accompagnèrent Charles de Blois en Angleterre, en 1356. Dans les comptes des trésoriers de Bretagne, de 1464 à 1498, on trouve Prigent, Yvon et Olivier de Beaucours dans les hommes d'armes du Duc et les gentilshommes de la maison de la Reine ; mais nous ignorons si ces personnages appartenaient à la famille de Beaucours de l'Evêché de St-Brieuc, représentée à la Réf. de 1513 par Alain de Beaucours, s^r des Landes, Par. de Bréhant-Moncontour.

Ils pourraient appartenir, avec les mêmes probabilités, à la famille de Beaucours, originaire de la Par. de Bothoa, Ev. de Cornouailles, représentée à la Montre générale de Cornouailles de 1481 par Jean de Beaucours, s^r de Lopuen et de Roc'hcleuz, Par. de Duault, frère aîné de Guillaume, homme d'armes de l'ordonnance du Duc, en 1490. Guillaume obtint de Louis XII, en 1505, lettres de rémission pour avoir tué Nicolas Garic, époux de Jeanne de Beaucours, sa nièce citée à la Réf. de 1536, Par. de Duault. (*Registre de la Chancellerie de Bretagne, F^o 16, année 1505-1506.*)

Nous ne connaissons ni les armes des Beaucours de St-Brieuc, ni celles des Beaucours de Cornouailles, et celles que nous donnons ici appartiennent à une famille de Beaucorps sortie de Bretagne, établie depuis plusieurs siècles dans le Dunois, et maintenue à l'intendance de La Rochelle, en 1699, sur preuves remontant à 1548.

26° LANLOUP : d'azur à 6 annelets d'argent 3. 2. 1.

Geslin de Lanloup a été improprement appelé Geslin d'*Entraguy* par d'Argentré, et Geslin de *Troguindy* par D. Morice. Le nom d'*Entraguy* est absolument inconnu dans les Chartes, Réformations, Montres et Nobiliaires de la province. Celui de Troguindy, confondu une première fois avec Tréziguidy, a été porté, il est vrai, par une ancienne famille de la Par. de Penvenan, Ev. de Tréguier, mais qui n'avait aucun représentant au combat des 30, puisque le manuscrit original ne rapporte pas ce nom, et cite, au contraire, ceux de Tréziguidy et de Lanloup.

Geslin de Lanloup, sieur du dit lieu, Par. de ce nom, Evêché de S.-Brieuc, devait être descendu de Rolland de Lanloup et de Guillaume, son fils, qui firent accord avec les religieux de Beauport, en 1266.

Jean, sieur de Lanloup, prête serment de fidélité au Duc, entre les nobles de Goëllo, en 1437, et est employé, ainsi que Rolland, son fils, époux de Mahaut Botherel, à la Réf. de 1441, Par. de Lanloup.

La dernière héritière de ce nom épousa, vers 1500, Geoffroy Le Picart, s^r de la Demiville, Par. de Plélo, et leurs descendants, qui prirent les noms et armes de Lanloup, ont été maintenus à la Réf. de 1668, et se sont fondus, de nos jours, dans les Bellingant.

27° MELLON : d'azur à 3 croix pattées d'argent.
(Sc. de 1415).

Geoffroy de Mellon, s^r du dit lieu, Par. de Pacé, Ev. de Rennes, tué dès le premier choc au combat des 30 :

> A la première, fut grand le déconfort,
> Charruel s'y fut pris, Geffroy Mellon fut mort ;

ne doit point être confondu avec une famille *Meslou*, originaire de Cornouailles, qui possédait, dans la Par. de Briec, les terres de Trégain et de S.-Eloy, et qui, dans l'arrêt de maintenue rendu en sa faveur par le Parlement de Bretagne, en 1734, a prouvé six générations seulement. Les preuves de la famille de Mellon, de l'Evêché de Rennes, faites à la Réf. de 1669, établissaient son gouvernement noble sur tous les degrés, à partir de Jean de Mellon, époux de Guillemette Baudouin, dont l'hôtel est exempté de fouages à la Réf. des feux de la paroisse de Pacé, en 1427.

Ce Jean paraît fils d'autre Jean de Mellon, l'un des signataires de l'association de la noblesse de Rennes pour empêcher l'invasion étrangère en 1379, et c'est à l'un d'eux qu'appartenait le sceau de 1415, tiré d'une quittance de gendarmes et reproduit par D. Morice. (*T. II., Sceaux*, n° 112.)

Raoul, petit-fils de Jean et époux d'Hélène Havart, exempte, à la Réf. de 1513, sa métairie « size près le pastiz et village de Mellon, pour ce qu'il a servi le temps passé aux armes.» Raoul fut le 5° aïeul de Jacques, s^r de Mellon et de la Guinardais, maintenu, ainsi que nous l'avons dit, à la Réformation de 1669, et dont les descendants existent encore.

28° SÉRENT : d'or à 3 quintefeuilles de sable. (Sc. de 1356).

Guillaume, sire de Sérent, croisé en 1248, laissa deux fils : l'aîné, Guillaume, n'eut qu'une fille, Isabeau, mariée, vers 1314, à Olivier de la Chapelle, maréchal de Bretagne, auquel elle porta la chatellenie de Sérent, successivement possédée depuis par les Rosmadec et les Sénéchal de Carcado.

Son second fils, Alain, s^r du Tromeur, paroisse de Sérent, épousa Gillette de Malestroit, dont il eut: Jehan ou Jehannot de Sérent, qui combattait à la bataille des 30, et donnait, en 1356, une quittance scellée de ses armes de la somme de 80 écus d'or, « à moy baillez » par mandement de Monsieur le Duc Charles pour acheter che- » vaulx et moy mettre en arroy pour servir ez présentes guerres. » Son nom et celui de Jean, son fils aîné, sont fréquemment cités dans les Montres d'Olivier de Clisson de 1375 et années suivantes. Il avait épousé Jeanne de S.-Gilles, dont il eut, outre Jean, s^r du Tromeur, qui suit, Perrot de Sérent, s^r de la Rivière, dont l'article viendra après celui de son frère.

Jean, s^r du Tromeur, capitaine du châtel et forteresse de Batz, en 1400, épousa Jeanne de Comenan, dont il n'eut qu'une fille unique: Orfroise, Dame du Tromeur, épouse 1° de Simon Delhoye, 2° de Henry Hingant, 3° de Guillaume de Montauban. De ce dernier mariage issut Esprit de Montauban, s^r du Tromeur, dont le fils, Louis, est cité dans la Réf. de 1513, Par. de Sérent. A la Réf. de 1536, le Tromeur appartenait aux d'Avaugour-Saint-Laurent; en 1630, aux Francheville, et lors de la rédaction du rôle de l'arrière-ban de Vannes, en 1666, aux Jocet de Kervillart.

Perrot, fils juveigneur de Jehannot de Sérent, eut en partage la terre de la Rivière, en Sérent. Il épousa, vers 1398, Jeanne Goyon, de la maison de Coipel, et fut le quatrième aïeul de François de Sérent, s^r de la Rivière, père de Pierre, dont la postérité existait encore au dernier siècle, et de Julien, s^r de Kerfily, quatrième aïeul de Armand-Louis, duc de Sérent, dernier représentant mâle de la maison de Sérent, époux de Bonne-Marie-Félicité de Montmorency-Luxembourg, pair de France, grand d'Espagne, lieutenant-général des armées du Roi, mort en 1822, ne laissant que deux filles, duchesses de Narbonne-Pelet et de Damas-Crux.

29° LA LANDE : porte 3 écussons, à la cotice brochant.
(Sceau de 1365).

GUILLAUME DE LA LANDE, juveigneur de la maison de la Lande, Par. de Guichen, Ev. de S.-Malo, l'un des écuyers du combat des 30, en 1351, signe et scelle le traité de Guérande en 1365. (*D. Morice, T. I., Pr., col. 1598 et Sceaux, n° 249*). On peut croire que c'est du même personnage que parle Aug. du Paz en son Histoire généalogique des Seigneurs de Guignen. On y rencontre du moins, à cette époque, un Guillaume de la Lande, époux de Jeanne, Dame de Guignen, père et mère de Tristan de la Lande, gouverneur des ville et comté de Nantes, puis grand-maître de Bretagne, mort en 1431. Cette branche s'est fondue dans la maison d'Elbiest, qui a transmis aux Saint-Amadour la chatellenie de Guignen, possédée ensuite par les comtes de Vertus, bâtards de Bretagne, éteints au dernier siècle.

Quant à la branche aînée des la Lande, elle s'était fondue, dès le xive siècle, dans la maison d'Acigné, par le mariage de Jeanne, Dame de la Lande, avec Jean I, sire d'Acigné, mort en 1421, et leur postérité s'est éteinte à son tour dans les Cossé-Brissac, en 1573.

D'autres familles de la Lande pourraient toutefois s'attribuer, quoiqu'avec moins de probabilités, le combattant des 30, à l'exception toutefois des la Lande du Lou, auxquels on l'a particulièrement appliqué. En effet, cette famille, originaire du Maine, n'a fait preuve, à la dernière Réf., que depuis Macé de la Lande, gouverneur de la Gravelle en 1450, père d'Artur, homme d'armes de l'ordonnance de la Duchesse en 1489, qui se fixa en Bretagne par son mariage avec Jeanne de Meel, Dame du Lou, Par. le Lou-du-Lac, Evêché de Dol.

30° MONTEVILLE : d'argent à trois feuilles de houx de
sinople, à la bordure de sable.

OLIVIER DE MONTEVILLE, s^r de Launay, Par. de Ploucc, Ev. de Tréguier, l'un des écuyers du combat des 30, pouvait descendre de Pierre de Monteville, sénéchal de Tréguier en 1270. On trouve d'aud'autres Monteville dans l'histoire, et parmi eux Guyon de Monteville, archer dans une Montre de 1351, reçue par Jean de Beaumanoir, où comparaissent également Geoffroi du Bois, Tristan de Pestivien, Alain de Keranrais, Louis Gouéon et Olivier de Fontenay, c'est-à-dire six des combattants de Mi-Voie. En 1356, Simon de Monteville comparaît, avec Simon Richard, autre combattant des 30, à une Montre d'Even Charuel. Bizien prête serment de fidélité au Duc en 1371 ; Raoul, chevalier, rend hommage à la Dame de Retz comme Dame de Châteaulin sur Trieuc, en 1382, et faisait la guerre en Flandres en 1383. On rencontre encore dans les Preuves de Dom Morice, Charles de Monteville, écuyer du corps et de la chambre du Duc en 1420, et dans la Montre générale de Tréguier, en 1481, Guillaume, archer de la paroisse de Plouguiel.

Guy Le Borgne donne à cette famille les armes des Quélen de Cornouailles, *brisées d'une bordure de sable*, ce qui indiquerait qu'elle en serait issue en ramage ; mais nous la croirions plutôt issue des Quélen de Porhoët, attendu que les deux terres de Quélen et du Plessix-Monteville sont voisines et situées, l'une et l'autre, dans la paroisse de Guégon, Evêché de Vannes.

La seigneurie du Plessix-Monteville passa, dès le xive siècle, à Pierre d'Estuer, qui laissa deux fils, Alain et Thomas. De Alain, s^r d'Estuer et du Plessix-Monteville, Réf. de 1426, Par. de Guégon, descendait directement Louise, Dame des dits lieux, Réf. de 1536, Par. de Guégon, mariée à Messire Dondel, chev^r, seig^r de la Roque.

Suivant le rôle de l'arrière-ban de Vannes, en 1666, le Plessix-Monteville appartenait alors à Jean de Faverolles, conseiller, notaire et secrétaire du Roi, maison et couronne de France, et, en 1775, aux Talhouët de Keravéon et de Brignac.

Thomas, second fils de Pierre susdit, se fixa en Saintonge et a fait la branche des seig^{rs} de Saint-Mégrin, princes de Carencey et comtes de la Vauguyon, fondus, en 1667, dans Quélen-Porhoët.

D'après ce qui précède, nous croyons que *la bordure de sable* doit être continuée aux Monteville, comme marque de juveigneurie, mais avec les armes de Quélen de Porhoët, c'est-à-dire d'*argent à trois feuilles de houx de sinople*.

31° RICHARD : 7 annelets 3. 3. 1 et une bordure.
(Sc. de 1381).

Et Symonet Richart pas n'y fera faillance.

SIMON RICHARD, sᵣ de Kerjean, Par. de Plestin, et de Coëtléguer, Par. de Trégrom, Evêché de Tréguier, capitaine de Lesneven et l'un des 30, comparaît à une Montre reçue par Even Charuel en 1356 et dans une Montre de du Guesclin en 1370 ; jure l'association pour empêcher l'invasion étrangère en 1379, et ratifie, le 2 Mai 1381, à la Roche-Derrien, le célèbre traité de Guérande (*Charte originale*, J. 242, *n*° 57 ; 2. *Trésor des Chartes aux archives de l'Empire*), où son sceau est encore appendu. L'année suivante, il rend hommage à la Dame de Retz comme Dame de Châteaulin sur Trieuc, et son nom disparaît, sans qu'on puisse savoir si les personnages suivants étaient ses petits-fils ou ses petits-neveux.

Geoffroy et Mérien comparaissent à la Réformation de 1427, Par. de Plestin ; Guillaume et Mahé prêtent serment au Duc, entre les nobles de Tréguier et de Goëllo, en 1437 ; Jean accompagne le Duc en France en 1418 ; Nicolas, sᵣ de Kerjean, comparaît, entre les nobles de Plestin, à la Montre générale de Tréguier de 1481, en équipage d'archer à deux chevaux et page ; mais à la Réf. de 1543, le manoir de Kerjean était sorti de sa famille et appartenait à Lazare du Dresnay, qui le transmit à ses descendants. La branche de Coëtléguer, en Trégrom, existait seule et était représentée par Yvon Richard, à la Réf. de 1535 ; elle s'est éteinte, comme la précédente, avant la Recherche de 1669.

Guy Le Borgne a confondu cette famille avec une autre du même nom, originaire de Guérande et possessionnée, au xvie siècle, dans l'Evêché de Léon. Celle-ci ne remontait qu'à Pierre Richard, valet de chambre du Duc, anobli en 1439, père de Pierre, bouteiller du Duc, confirmé dans sa noblesse en 1443, et l'un des prédécesseurs d'Olivier, chanoine de Nantes, Rennes et Léon, mort en 1555, et dont on voit la tombe dans la chapelle de Tariec, paroisse de Plouvien.

BIOGRAPHIE

DE BEMBRO ET DE SES TRENTE COMPAGNONS.

L'exposition que nous nous sommes proposé de faire des glorieux épisodes du combat des Trente, serait incomplète, si, bornant notre relation aux particularités qui se rattachent à l'origine, aux gestes et à la descendance des 3o Bretons, nous passions sous silence ce que nous avons pu recueillir sur leurs adversaires. Les Anglais combattirent assez vaillamment pour que chacun eût le droit, en rendant son épée, de répéter, comme plus tard le Roi chevalier à la bataille de Pavie :

Tout est perdu, fors l'honneur !

Bien loin donc de souscrire au *Væ victis* de Tite-Live, nous inscririons plutôt sur le monument de Mi-Voie, à la suite des noms des vainqueurs : *Honneur au courage malheureux !*

Aussi nous sommes-nous efforcé d'écrire la biographie des compagnons de Bembro, dont aucun auteur ne s'est encore préoccupé ; mais leur identité était difficile à établir. Choisis, en effet, parmi les routiers Anglais ou Flamands engagés par Edouard III pour servir d'auxiliaires à la comtesse de Montfort, si quelques-uns, comme Knolles et Caverley, se sont fait un nom dans l'Histoire, la plupart ne nous sont connus que par le poème original, où les noms sont souvent altérés. Les épithètes qualificatives dont ces noms sont suivis, ne paraissent même avoir d'autre cause que les besoins de la rime et ajoutent encore à la confusion. On doit cependant remarquer que les épithètes données aux Bretons sont généralement plus honorables que celles appliquées à leurs adversaires, sans doute par suite de l'esprit de nationalité qui anime le trouvère. Ainsi, Charuel est surnommé le *bon;* Tinténiac, le *fier;* Rouxelot, *cœur de lion;* Catus, le *sage;* Pestivien, le *vaillant;* tandis que, du côté des Anglais, Bembro est dit le *felon,* et d'autres sont qualifiés le *renard,* le *vilart,* le *gaillard,* le *taillart,* le *musart,* le *couart.*

Froissart, la Chronique du Religieux de Saint-Denis, l'Histoire de Jean IV, dit le Conquérant, par Guillaume de Saint-André, et le Roman de du Guesclin, par Cuvelier, citent quelques-uns de ces personnages avec des variantes dans l'orthographe de leurs noms; nous avons dû quelquefois donner ces variantes, dans l'impossibilité où nous étions de choisir la meilleure version.

1° BEMBRO.

RICHARD BEMBRO, capitaine de Ploërmel pour Edouard III, irrité de la mort de l'un de ses compagnons, Thomas d'Ageworth, tué près d'Auray, en 1350, et ne pouvant venger cette mort sur ses auteurs, attaquait et rançonnait, malgré la trève, les gens inoffensifs qu'il pouvait surprendre, et par des excès de ce genre, détermina Beaumanoir à lui jeter son gage de bataille. La présomption de Bembro ne lui servit pas plus que son courage; il fut tué, comme on l'a vu, par Alain de Keranrais et Geoffroy du Bois, au plus fort de la mêlée; mais son nom ne s'éteignit point avec lui en Bretagne. Il paraît, au contraire, que sa postérité, comme celle des Harpedane, Bentelée, Melbourne, David, Thomelin, Ferrers, Delbiest, et autres partisans Anglais ou Flamands, se fixa en Bretagne après la paix de Guérande.

On trouve Robert Bembro, capitaine du château de Fougeray, tué à la prise de cette place par du Guesclin, en 1353, et Guillaume Bembro, tué en combat singulier, par du Guesclin en personne, au siège de Rennes, en 1357. Mais nous ignorons duquel de ces trois personnages pouvait descendre Henry Bembro, qui rendait hommage, en 1396, au vicomte de Rohan, pour le fief du Rest, situé dans la paroisse d'Insinzac, Evêché de Vannes.

Ce fief du Rest appartenait, lors de la Réformation des .fouages d'Insinzac, en 1448, à Jean Bembro ; à la Montre générale de 1481, à autre Jean Bembro, archer en brigandine, et à la Réformation de 1536, à Henry Bembro, dont la famille s'éteignit bientôt après.

La déclaration de 1666 des terres nobles de Vannes sujettes au ban et arrière-ban, désigne comme possesseur du Rest, Françoise de S.-Giron, veuve d'un sieur Le Moine, et Guillaume Le Moine, sʳ du Rest, son fils ; c'est tout ce qui est parvenu à notre connaissance sur les Bembro et les seigneurs du Rest, en Insinzac.

2° KNOLLES : un chevron chargé de 3 trèfles (Sc. de 1363); *aliàs :* d'or à la fasce de gueules chargée de 3 fleurs de lys d'or. (*Portef. des Blancs-Manteaux..*)

Robert Knolles, né vers 1317, dans le comté de Chester, appartenait à une famille de basse extraction et ne dut sa fortune qu'à lui-même. (1). Prisonnier au combat des 30, il défit, l'année suivante, au pont d'Evran, du Guesclin, que Robin Adès (*voy. ce nom*) prit et mit à rançon, et accompagnait le Duc de Lancastre et Chandos aux sièges de Rennes en 1357 et de Dinan en 1359. Vers cette époque, la guerre s'étant ralentie en Bretagne, et les aventuriers de chaque parti s'y trouvant sans occupation, Knolles s'éloigna de cette province et ravagea successivement la Normandie, le Berry et l'Auvergne. De retour en Bretagne, il prit, en 1363, une part active au siège de Bécherel, où l'usage du canon fut introduit pour la première fois dans notre province, et à la bataille d'Auray, en 1364, où il commandait un des corps d'armée, il fit prisonnier le comte d'Auxerre. Recompensé par le don des seigneuries de Rougé et de Derval, des services qu'il avait rendus au comte de Montfort, mais ne pouvant plus exer-

(1) Rapin Thoiras, *Histoire d'Angleterre ;* la Haye, 1724.

cer son ancien métier en Bretagne, où le traité de Guérande avait apporté momentanément la paix, il s'adjoignit Hue de Caverley pour porter le fer et la flamme dans les provinces de Picardie et de Champagne. Caverley s'étant ensuite uni à du Guesclin pour faire la guerre en Aragon, Knolles resta en Guyenne, dont le prince Noir l'avait nommé sénéchal, et étouffa, de concert'avec Chandos, la rébellion de cette province contre l'Angleterre.

De retour d'Espagne, du Guesclin retrouva de nouveau Knolles pour adversaire, et le battit à Pontvalain, en Normandie, en 1370.

Knolles put cependant gagner son château de Derval, où il faisait transporter son riche butin depuis plusieurs années, et ayant fait charger sur des bêtes de somme ce qu'il avait de plus précieux, il sortit furtivement de Derval, avec le projet d'aller mettre ses richesses en sûreté, en s'embarquant pour l'Angleterre; mais atteint dans sa marche par Olivier de Clisson, il fut entièrement défait et perdit en un jour le fruit de ses longues rapines. Il parvint toutefois à entrer dans Brest, et força le connétable à lever le siège de cette place, en 1373.

Du Guesclin tourna alors ses forces contre Derval, mais il ne fut pas plus heureux dans cette nouvelle entreprise. Knolles trouva le moyen de se jeter dans Derval, où par représailles de la mort violente de ses otages, ordonnée par le duc d'Anjou, il fit décapiter, à la vue des assiégeants, quatre prisonniers, dont il fit jeter la tête et le corps dans le fossé; contraignit une fois de plus du Guesclin à s'éloigner, et rentra dans Brest, dont le Roi Richard lui avait donné le gouvernement. Nous le retrouvons, en 1380, au siège de Nantes, avec Caverley, dans l'armée du comte de Buckingam; il retourna avec ce prince en Angleterre, en 1381, et y termina ses jours, vers 1406, dans ses terres du comté de Kent, à l'âge de 90 ans.

Nous avons nommé le connétable d'Aquitaine Jean Chandos, seigr du Gavre èn Bretagne, vicomte de Saint-Sauveur en Normandie, et le rival de gloire du connétable du Guesclin; nous ne pensons pas nous écarter de notre sujet en ajoutant quelques mots sur ce personnage, mêlé aux principaux événements du xive siècle.

Il figure successivement aux batailles de Crécy et de Poitiers et aux sièges de Rennes et de Dinan, signe le traité de Bréquigny, si funeste à la France, et contribue au gain de la bataille d'Auray, où il fait prisonnier Bertrand du Guesclin. Celui-ci étant parvenu à se racheter, profita de sa liberté pour délivrer le royaume des grandes bandes , composées d'aventuriers de toutes nations qui vivaient de pillage et mettaient leur courage mercenaire au service du plus offrant. Il conduisit les *grandes compagnies* en Espagne , et se retrouva en face de Jean Chandos à la bataille de Navarette , où le sort fut encore contraire au futur connétable de France.

Deux ans après , Chandos fut tué , en 1369 , dans une escarmouche , à Lussac , en Poitou , par un seigneur breton , Guillaume Bouëstel , homme d'armes de la compagnie de Jean de Kerlouët , capitaine de la Roche-Pozay. Il laissait un neveu , nommé Jean , comme lui , dont la postérité , suivant Guy Le Borgne , se serait établie dans le Léon ; mais nous n'avons pas rencontré le nom de Chandos postérieurement aux Chartes du xive siècle , où son sceau porte *un pal aiguisé.*

3° CAVERLEY : une fasce frettée , accompagnée de 3 boucs passants. (Sceau de 1363).

HUE DE CAVERLEY , *le hardy jovencel* , prisonnier au combat des 30 , ne tarda pas à être échangé ou racheté ; mais il ne jouit pas longtemps de sa liberté , car au combat de Montmuran , en 1354 , il fut pris par Enguérand de Hédin , gentilhomme picard , que Froissart nomme à tort parmi les combattants de Mi-Voie. Caverley prit à son tour du Guesclin à Juigné , dans le Maine , où Bertrand s'était porté au secours de Pierre de Craon , et sa rançon pour lui et les siens lui coûta 30,000 écus ; mais il eut sa revanche en 1364 , en réduisant , près de Valognes , une place gardée par Caverley , et ce dernier fut obligé , pour se libérer , de restituer à du Guesclin la somme qu'il en avait exigée lui-même à Juigné. Il reprit sur-le-champ les armes , et à la bataille d'Auray , où Chandos avait le commandement en chef et Knolles celui du premier corps d'armée , Caverley , à la tête de l'arrière-garde , décida du sort de la bataille. Profitant aussitôt de la déroute de l'armée de Charles de Blois , il s'empara de la ville et de l'abbaye de Redon , dont il mit à rançon l'abbé Jean de Tréal , et après avoir étendu ses ravages dans plusieurs parties de la France , à la tête de ses routiers , il s'unit à du Guesclin , son ancien ennemi , pour porter la guerre en Espagne , dans les Etats de Pierre-le-Cruel.

Les grandes compagnies commencèrent par rançonner le Pape

dans Avignon, et après avoir franchi les Pyrénées, elles se distinguèrent particulièrement au siège de Tolède ; mais le prince de Galles, dit le prince Noir, auquel s'était joint Chandos, eut la gloire de vaincre et de faire prisonnier du Guesclin, à la bataille de Navarette. Bertrand fixa lui-même sa rançon à 100,000 florins, sur lesquels Caverley lui en offrit 30,000 ; et du Guesclin, créé connétable de France en 1370, se retrouva bientôt aux prises avec les routiers de Knolles et de Caverley, qui avaient pris de nouveaux engagements avec les Anglais, et que le connétable vainquit à Pontvalain, en Normandie.

Caverley, capitaine de Calais en 1378, passa en Angleterre avec le Duc de Bretagne, et reprit la mer, l'année suivante, pour revenir en Bretagne. Assailli dans la traversée par une violente tempête qui brisa son navire à la côte d'Irlande, il parvint à se sauver à la faveur d'une épave, et on le retrouve, en 1379, ratifiant le traité conclu entre le Roi Richard et le Duc Jean IV, et, en 1380, au siège de Nantes, avec son compagnon Robert Knolles, dans l'armée du comte de Buckingam.

En 1383, sous prétexte que les Flamands avaient reconnu le Pape Clément VII au lieu d'Urbain VI, reconnu par l'Angleterre, Caverley alla ravager la Flandre et se fortifia dans la ville de Bergues. Mais menacé par les troupes réunies du Roi de France, du Duc de Bretagne et du comte de Flandres, il fut contraint d'abandonner cette place et de se retirer avec les siens dans Gravelines. Il ne tarda pas à y être investi et fut obligé de capituler ; mais il ne rendit la ville qu'après en avoir rasé les fortifications, et en sortit vies et bagues sauves. La trève d'un an signée, à la même époque, entre les couronnes de France et d'Angleterre, nous empêche de le suivre davantage ; il est probable qu'il retourna définitivement en Angleterre avec ses compagnons d'armes, lorsque le Duc de Bretagne congédia ses auxiliaires.

4° CROQUART.

Croquart, aventurier allemand, prit le commandement des Anglais après la mort de Bembro, au combat des 30, et s'efforça de ranimer le courage de ses compagnons, affaibli par la perte de leur chef.

> Seigneurs, sachiez de vray en fine véritez,
> Failly nous a Bembro, qui cy nous a menez,

Tous les livres Merlin que il a tant aimés
Ne luy ont pas valu deulx deniers monnoiés :
Il gist gueule bée (*béante*) et mort et renversé.
Je vous prye, beaulx seigneurs, faciez comme gens membrez :
Cil qui viendra sur vous , soict mort ou affolé (*blessé*).

. Ce fut , dit d'Argentré , *un vaillant voleur* , qui de varlet ou page d'un seigneur hollandais , était devenu sergent d'un homme d'armes dans les guerres de Bretagne. Ce second maître ayant été tué, ses gens élurent Croquart, qu'ils savaient homme de cœur et de main, pour les commander à sa place. Il fit des profits considérables dans ses expéditions, prenant et surprenant maisons , bourgs et châteaux , qu'il revendait ensuite à d'autres partisans ou aux anciens possesseurs , et il amassa de la sorte plus de 40,000 écus, sans compter un grand nombre de chevaux de prix. Sa réputation s'étendit jusqu'à la cour de France , et le Roi Jean voulut l'attirer à son service , lui promettant, pour le gagner , de le faire chevalier , de le marier avantageusement et de lui donner 2,000 livres de rente. Mais Croquart refusa toutes ces offres et préféra le métier de brigand à tout établissement. Enfin , après bien des concussions et des exploits militaires , il se rompit le cou, en voulant franchir un fossé sur un cheval qui s'abattit sous lui. (*Voy. Froissart, Chap.* 149.)

5° PLÉSANTON, 6° RIDÈLE, 7° HELECOQ, 8° REPEFORT.

Messire JEHAN PLÉSANTON, RIDÈLE, *aliàs* RIDART, *aliàs* RAOUL, dit le *Gaillard* ou le *Guerrier*, suivant les besoins de la rime ; HELECOQ, *aliàs* HUGO , frère du précédent ; REPEFORT, dit le *Vaillant,* ne nous sont connus que par le poème, qui dit qu'ils furent faits prisonniers à la fin de l'action.

9° TAILLARD.

JEANNEQUIN TOIGNE, dit le *Taillard*, prisonnier d'Olivier de Mauny dans une rencontre avec du Guesclin aux environs du Guildo, en 1352, s'étant taxé pour sa rançon à 600 écus, dit à du Guesclin qu'il espérait les lui faire rendre, ce qu'il exécuta bientôt après, ayant pris du Guesclin entre Dinan et Bécherel, et lui ayant fait payer deux fois autant. (*D'Argentré, Chap.* 28 *Liv. V.*)

10° LA LANDE.

RICHARD DE LA LANDE, dit *le Fier*, prisonnier au combat des 30, se retrouve dans des Montres d'Olivier de Clisson, reçues à Vannes en 1375 et années suivantes.

11° HENEFORT.

Cil combattoit d'un mail qui pesoit bien le quart
De cent livres d'acier, si Dieu ait en moy part
. . . .
Cil qu'il attaint à coup dessus son hasterel (*la nuque*)
Jamais ne mangera de miche ne de gastel.

THOMELIN HENEFORT conduit prisonnier au château de Josselin, se retrouve, en 1381, au siège de Nantes, avec Knolles et Caverley ; et il fut l'un des cinq Anglais qui acceptèrent le défi porté par quinze gentilshommes français de l'hôtel de Louis, duc de Bourbon, jaloux de la gloire acquise par les Bretons au combat des 30. Jean d'Orronville, auteur, en 1429, de la *Vie du Duc de Bourbon*, rapporte que ces quinze gentilshommes demandèrent à Buckingam, à se battre contre un pareil nombre d'Anglais, dans une île de la Loire, sans autres juges que deux héraults, l'un Anglais, l'autre Français. Buckingam leur donna rendez-vous à Vannes, mais cinq Anglais seulement se présentèrent, et il fut convenu qu'on se battrait à *armes nommées*, savoir : 5 coups de lance, 5 coups d'épée, 5 de hache et 5 de dague, le tout à pied. Thomelin Henefort fournit ses coups de lance contre Jean Le Barrois, mais au premier coup d'épée, il eut l'épaule traversée, ce qui le mit hors de combat, et les quatre autres Français eurent aussi l'avantage.

12° CLAMABAN.

HUCHETON CLAMABAN ne nous est connu que par ces vers du poème :

Hucheton Clamaban combattoit d'un fauchart
Qui tailloit d'un costé, crochu fut d'aultre part,
Devant fut amouré (*affilé*) trop plus que n'est un dart :
Cil qu'il attaint à coup, l'âme du corps lui part.

13° BÉTONCHAMP, 14° HÉROUART, 15° GAULE, 16° HYBINET, 17° HENNEQUIN.

JEANNEQUIN BÉTONCHAMP, *aliàs* GUENEHOUP ; HENNEQUIN HÉROUART, du même nom qu'OLIVIER HÉROUART, écuyer dans une Montre d'Eustache de Mauny, reçue en 1371 ; GAULE ou GAULTIER dit l'*Allemand* ; HYBINET, *aliàs* HULBITÉE, dit le *Villart*, c'est-à-dire *le vilain* : ce n'était, suivant d'Argentré, qu'un soldat de basse condition, mais homme de grande taille, puissant et fort ; HENNEQUIN *le Mareschal*, *sy mourut celle part.*

18° HUALTON, 19° ROBINET, 20° HÉLICHON, 21° LEXUALEN.

Nous n'avons rien découvert sur THOMELIN HUALTON ; ROBINET, dit *Mauléopart* ; HÉLICHON, dit le *Musart*, et messire HERVÉ DE LEXUALEN, dont le nom n'est donné que par *D'Argentré* seulement.

22° ISANNAY.

GUILLAUME ISANNAY, dit le *Hardi*, faisait partie, en 1363, des 300 Anglais conduits par Jean Felleton au secours de Bécherel assiégé par Charles de Blois, qui furent battus et dispersés par du Guesclin dans les landes de Combourg, auprès de Meillac. (*D'Arg.ch.*39,*liv.V.*)

23° VUIN.

JEAN de VUIN, improprement appelé *Valentin*, par d'Argentré, nous est connu, en outre, par Christine de Pisan, en sa *Vie de Charles V.* C'était un écuyer gallois, surnommé le *Poursuivant d'amours*, parent et compagnon d'Yvain de Galles, avec lequel il revint en France en 1372.

24° TROUSSEL.

JEAN *aliàs* ROBIN TROUSSEL appartenait à la famille de Guillaume Troussel, chevalier anglais, l'un des procureurs d'Edouard III pour traiter en cour de Rome d'un traité de paix avec Philippe de Valois, en 1342. Jean Troussel ayant été fait prisonnier par du Guesclin, en 1356, Guillaume Troussel écrivit à ce dernier pour le prier de mettre sou parent en liberté, et lui envoya une obligation pour sûreté de sa rançon. Bertrand ne jugea pas à propos de lui accorder cette grâce, et Troussel, piqué de ce refus, l'envoya défier à Pontorson, et lui demanda trois coups de lance et deux coups d'épée. Bertrand accepta le combat, à condition que celui qui serait vaincu donnerait cent écus pour régaler les témoins du combat. Les deux champions se rendirent à Pontorson au jour marqué et entrèrent en lice avec leurs écuyers. Troussel, du premier coup de lance, fit vider les arçons à Bertrand ; mais ce dernier se remit bientôt en selle et porta un coup si violent à Troussel, qu'il lui perça l'épaule de part en part. Troussel tomba par terre, se rendit et paya les cent écus. (*D'Argentré, Ch. 35, Liv. V.*)

25° ADÈS.

Robin Adès, sous la conduite de Robert Knolles, prit et rançonna du Guesclin au pont d'Evran, en 1352. (*D'Argentré, Ch. 28, Liv. V.*)

26° ANDELÉE.

James d'Andelée, dit le *Couart*, que *la Chronique de Jean de S.-Paul* nomme Adelé, se retrouve, avec Robert Knolles, dans l'armée du duc de Lancastre, au siège de Rennes, en 1356. (*Lobineau. p. 315.*)

27° AGEWORTH ou EDGEWORTH.

Le dernier Anglais, nommé dans le poème *Dagorne*, fut Edgeworth, neveu de Thomas, dont la famille, originaire du comté de Middlesex, s'établit en Irlande sous le règne d'Elisabeth. (1)

« Et le neveu Dagorne, fier comme un léopard. »

Thomas d'Ageworth, capitaine-général en Bretagne pour Edouard III, qui l'y avait envoyé au secours de la comtesse de Montfort avec 100 hommes d'armes et 200 archers, réduisit, en 1344, la ville de Dinan et y mit le feu ; vainquit, l'année suivante, les troupes de Charles de Blois dans la lande de Cadoret, paroisse de Guégon ; accompagna ensuite le comte de Montfort au siège de Quimper, que les partisans de Charles de Blois l'obligèrent à lever, et, en 1346, vainquit Charles de Blois lui-même à la bataille de la Roche-Derrien, où ce prince fut fait prisonnier. Thomas d'Ageworth, qui avait épousé

(1) Ce nom s'est immortalisé par les sublimes paroles de l'abbé Edgeworth au roi Louis XVI montant à l'échafaud : « *Fils de saint Louis, montez au Ciel !* »

Aliénor, comtesse d'Ormond, fut tué, en 1350, près d'Auray, par un aventurier anglais nommé Raoul Cahours, qui, quoique comblé des bienfaits d'Edouard, se laissa gagner par Philippe de Valois, sur la promesse d'une somme de 24,000 livres. (*D.Lobin., Hist., p.* 342.)

Cette mort, comme nous l'avons vu, fut la cause principale du combat des 30. Mais Bembro n'ayant pu rencontrer dans la garnison de Ploërmel assez d'Anglais pour compléter le chiffre de 30 combattants, (1) fut obligé d'y joindre des auxiliaires Allemands et Brabançons et même quatre Bretons du parti de Montfort. Nous avons pu recueillir sur ces derniers des renseignements plus complets que sur plusieurs des routiers auxquels ils s'étaient associés.

28° COMENAN : de sable à 3 chevrons d'argent.

PERROT DE COMENAN, sieur de Bovel, Par. de Sérent, Evêché de Vannes, l'un des champions du combat des 30, du côté des Anglais, paraît avoir laissé postérité.

On trouve Guillemet de Comenan, et trois combattants des 30, savoir : Guy de Rochefort, Caro de Bodégat et Hugues Catus, dans une Montre reçue par Thibaut de Rochefort en 1351 ; mais ce Guillemet ne suivait pas, comme l'on voit, la même bannière que Perrot. Perrot de Comenan, paraît avoir été frère juveigneur de Robert, chevalier, seig^r de Comenan et de la Gras, Par. de Rieux. Perrot est cité ainsi que Robert et Raoulet de Comenan dans des Montres d'Olivier de Clisson en 1375 ; autre Robert, s^r de Comenan et de la Gras, est employé dans les Réformations de 1426 à 1447, Par. de Rieux ; Pierre, l'une des 40 lances de la garnison de Brest sous le sire de Malestroit, en 1454, est nommé dans plusieurs comptes d'Olivier Bault, trésorier des guerres, ainsi que François et Renaud de Comenan, de 1450 à 1466 ; enfin, Robert, abbé de Géneston, Evêché de Nantes, mourut en 1509. Cette branche s'est fondue, vers cette époque, dans la maison du Cleuz de Rédillac, qui a transmis, par alliance, Comenan aux Huchet de la Bédoyère, en 1536, et les Huchet de Cintré possédaient encore cette terre au dernier siècle.

(1) Parmi les anglais, Robert Knolles et Hue de Caverley sont les seuls dont nous connaissions les sceaux. On a conservé la plupart de ceux des partisans de Charles de Blois et nous donnons au frontispice de notre ouvrage, une monnaie de ce prince, imitée d'un *gros* du Roi Jean.

A la branche de Bovel appartenait Morice de Comenan , l'un des signataires de la ligue des seigneurs contre les Penthièvre en 1420, employé dans la Réformation de 1426, paroisse de Sérent : Geffrione Hamon, veuve de Morice de Comenan, comparaît comme tutrice de Jean, son fils, à la Montre générale de 1481, paroisse de Sérent, et ce dernier a sa maison de Bovel exemptée de fouages à la Réformation de 1513, faite dans la même paroisse de Sérent. Cette branche se fondit, vers cette époque, dans les Quistinit, puis Rosmadec du Plessix-Josso. En 1669, Anne-Cécile de Rosmadec , Dame de Bovel, épousa Pierre L'Olivier, s^r de Saint-Maur et de Lochrist, et leurs descendants apportèrent en mariage la seigneurie de Bovel aux S.-Pern-Ligouyer, qui la possédaient encore en 1790.

29° LE GAILLARD.

GUILLEMIN ou en breton GUILLOU LE GAILLARD , qui possédait, en 1320, des héritages dans les paroisses de Pommeret et Hillion, Evêché de Saint-Brieuc (*D. Morice, T. I., Pr., col.* 1015), pourrait être le père du combattant de 1351 ou ce combattant lui-même.

On trouve aussi Jean et Guillaume le Gaillard, le premier comme homme d'armes et le second, arbalétrier dans la Montre de Jean de Penhoët pour le recouvrement de la personne du Duc, en 1420 ; Jean Gaillard, employé dans la Réformation de 1459, paroisse d'Hillion, et Catherine Gaillard, Dame d'atours de la Reine Anne en 1498.

30° APREMONT : d'argent à 3 croissants de gueules.

GUY D'APREMONT, chevalier dans une Montre du sire de Derval, en 1351, et Raoulet d'Apremont, sieur de Rénac, paroisse de ce nom, Evêché de Vannes, paraissent descendus l'un et l'autre de Gausbert, sire d'Apremont, croisé en 1248.

Raoulet, qui suivit le parti de Jean de Montfort et combattit dans les rangs anglais en 1351, épousa Julienne Soual ; et ayant acquis le droit de sépulture dans l'abbaye de Redon, il y fonda , de concert avec sa compagne , la chapellenie de la Perche , en 1364. (*Monasterium Benedictinum, vol.* 38 , *mss. Bibliothèque Impériale.*)

Ils laissèrent une fille , Jeanne d'Apremont , Dame de Rénac , épouse, en 1390, de Jean Harpedane (*Ogée, verbo Rénac*), veuf de Jeanne de Clisson, Dame de Belleville, sœur du connétable.

La baronnie de Rénac a appartenu ensuite à la comtesse d'Etampes, mère du Duc François II ; puis à Tanguy du Chastel, grand-maître de Bretagne, tué en 1477. Jeanne du Chastel, sa fille, l'apporta en mariage à Louis de Montejean, père : 1° de René, maréchal de France, tué en Piémont en 1538 ; 2° de Anne de Montejean, baronne de Rénac, épouse de Jean d'Acigné, mort en 1539.

A la fin du xvie siècle, cette terre dut entrer dans la maison de Cossé, avec tous les biens de la branche aînée d'Acigné, par le mariage de Judith d'Acigné, Dame du dit lieu et de Rénac, avec Charles de Cossé, duc de Brissac, maréchal de France, mort en 1621. Mais en 1666, suivant la *Déclaration des terres nobles de Vannes sujettes au ban et arrière-ban*, la baronnie de Rénac était possédée par Damien Martel, conseiller du Roi en ses conseils d'Etat et privé et lieutenant-général des armées navales, et, au dernier siècle, par la famille du Fresne de Virel.

31° ARDAINE : semé d'ancolies, à la bande chargée de feuilles de houx. (Sceau de 1382).

> Et d'Ardaine le dérain del convei (*compagnie*) soudoiant
> Fut mort et abattu en un pré verdoiant.

C'est, en effet, le dernier combattant désigné dans le poème. Il fut tué à la fin de l'action ; mais son nom, connu avant lui dans l'histoire, ne périt pas non plus avec lui. Ainsi, on trouve Juhel, sire d'Ardaine, Paroisse de S. Georges de Reintembault, Evêché de Rennes, témoin d'une donation faite à l'abbaye de Savigné en 1150 ; Olivier, son fils, témoin d'une donation faite à l'abbaye de Rillé en 1163, et Guillaume d'Ardaine, écuyer dans une Montre du sire de Léon, reçue à Thérouanne, en Artois, en 1383.

Les seigneurs d'Ardaine, sergents féodés héréditaires de la baronnie de Fougères, se fondirent, au commencement du xve siècle, dans la maison de Romilley, en faveur de laquelle Ardaine fut érigé en marquisat, en 1684. Cette maison a fini à Marguerite de Romilley, marquise de la Chesnelaye et d'Ardaine, mariée, en 1728, à Michel de Roncherolles, marquis du Pont-Saint-Pierre, en Normandie.

On peut remarquer, en terminant, que sur les 62 champions du combat de Mi-Voie, choisis dans trois nations différentes, 35 appartenaient à la Bretagne, 21 à l'Angleterre et 6 à l'Allemagne ou au Brabant.

Après cinq siècles écoulés, combien de familles pourraient avec certitude, prouver leur descendance directe de ces rudes jouteurs, qui font encore l'honneur de la patrie bretonne ?

Des calculs, basés sur des vérifications plusieurs fois renouvelées dans les Chartes de notre histoire, depuis le XIIe siècle, font connaître que les familles qui y sont mentionnées, ont disparu à raison de deux cinquièmes par siècle. Si l'on appliquait ce calcul à l'Angleterre, le chiffre des extinctions serait encore plus rapide. Mais, en nous en tenant à la Bretagne, si nos appréciations étaient rigoureuses, il n'existerait plus que deux ou trois des familles bretonnes du combat des Trente. Aussi les familles patriciennes seraient bien clairsemées de nos jours, si la noblesse ne s'était pas recrutée, au moyen des anoblissements, dans une proportion égale au moins, aux extinctions qu'indépendamment de toutes autres causes, les guerres et les révolutions ont amenées. Par là se vérifient ces paroles de Bossuet : » C'est Dieu seul, qui donne et qui ôte la puissance ; qui la transporte d'un homme à un autre, d'une maison à une autre, d'un peuple à un autre, pour montrer qu'ils ne l'ont tous que par emprunt, et qu'il est le seul en qui elle réside naturellement. »

Imprimerie de L. Prud'homme.

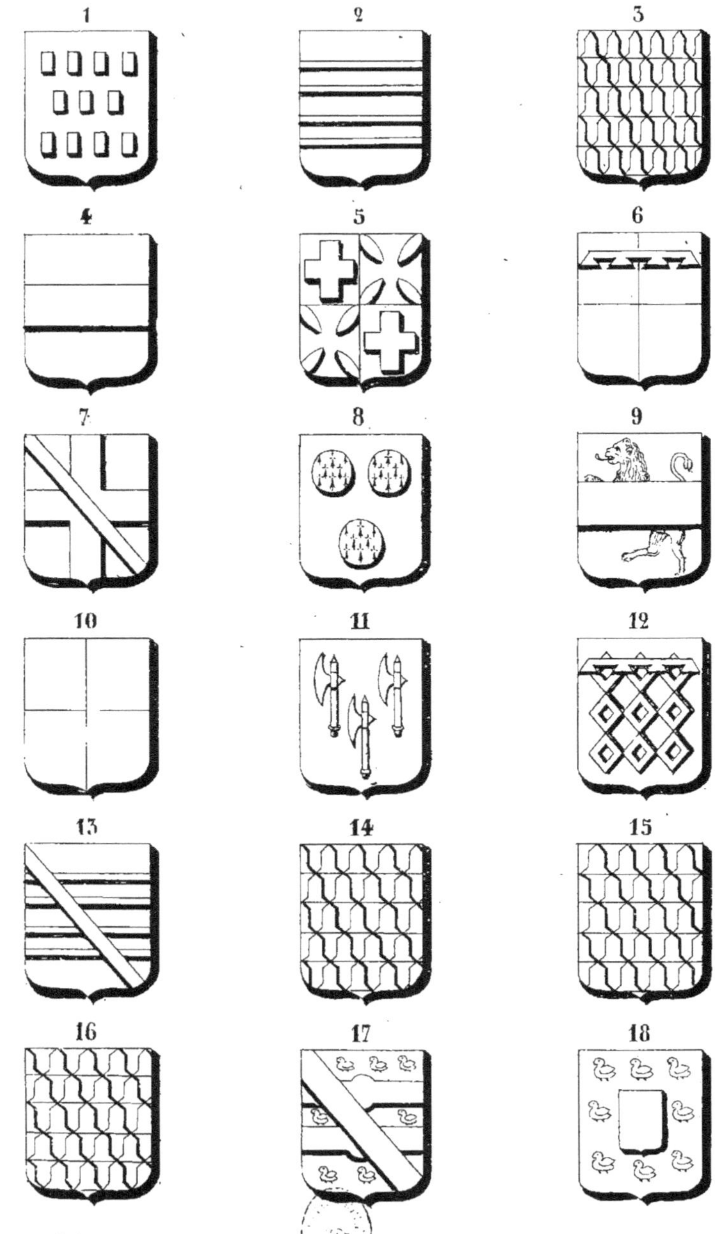

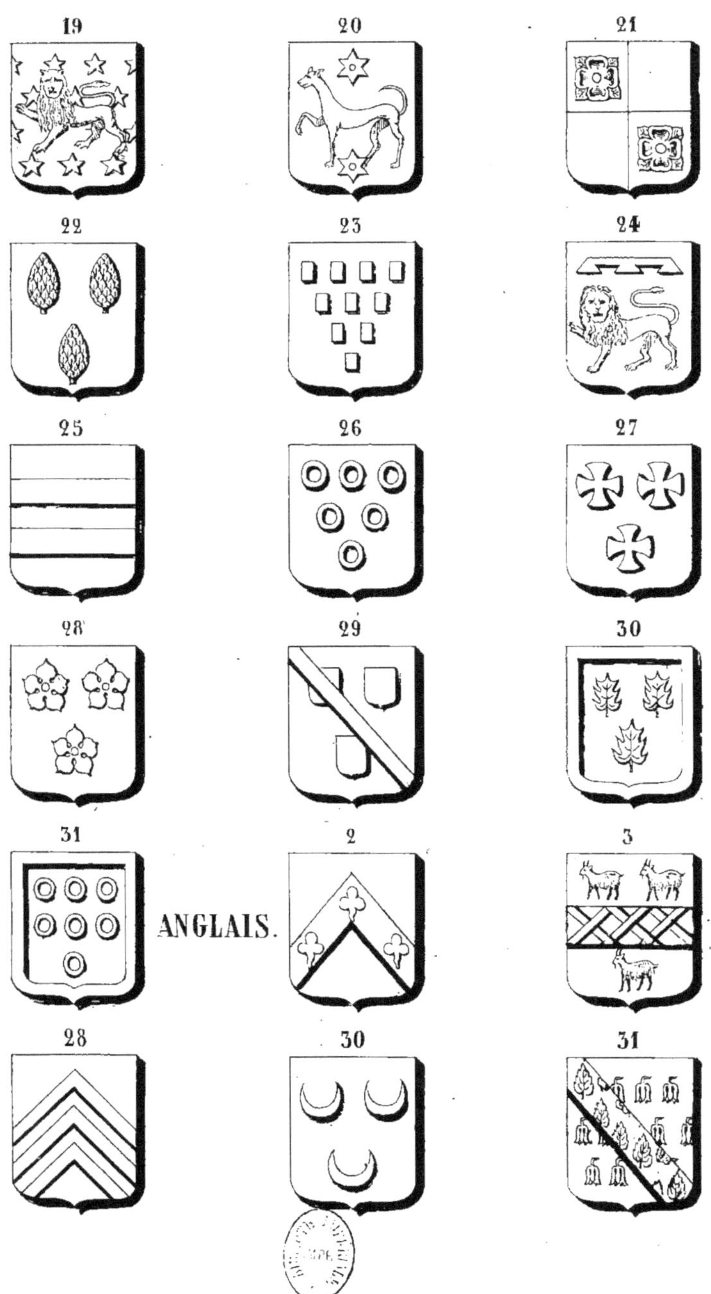
19
20
21
22
23
24
25
26
27
28
29
30
31
2
3
ANGLAIS.
28
30
31